教育部人文社会科学研究青年基金项目资助（21YJ   ）

难美性竞技运动的价值研究

钟永锋　著

吉林出版集团股份有限公司
全国百佳图书出版单位

图书在版编目（CIP）数据

难美性竞技运动的价值研究 / 钟永锋著. -- 长春：
吉林出版集团股份有限公司, 2022.10
ISBN 978-7-5731-2580-4

Ⅰ.①难… Ⅱ.①钟… Ⅲ.①竞技体育—研究 Ⅳ.
①G8

中国国家版本馆CIP数据核字(2023)第002597号

难美性竞技运动的价值研究

NANMEIXING JINGJI YUNDONG DE JIAZHI YANJIU

著　　者　钟永锋
出 版 人　吴　强
责任编辑　朱子玉
助理编辑　张晓鹭
开　　本　710 mm × 1000 mm　1/16
印　　张　10.75
字　　数　200千字
版　　次　2022年10月第1版
印　　次　2023年8月第1次印刷

出　　版　吉林出版集团股份有限公司
发　　行　吉林音像出版社有限责任公司
　　　　　（吉林省长春市南关区福祉大路5788号）
电　　话　0431-81629679
印　　刷　吉林省信诚印刷有限公司

ISBN 978-7-5731-2580-4　　定　价　65.00元

前　言

　　竞技运动是人类在发展进程中逐步形成的身体对抗活动，包含人们以各种游戏为载体的有意识的训练和竞赛，这些活动涵盖了身体能力和素养的提升过程。竞技运动具有健体、娱乐价值，还有教育、政治、经济等价值。也可以说，所处的历史阶段不同，竞技运动具有的功能也不同，但自从竞技运动产生以来，强身健体与娱乐自始至终是其主要功能。

　　竞技运动是一种复杂的社会文化现象，以增强体质、增进健康与培养人的各种心理品质为目的。随着社会经济的发展，人们生活水平得到提高，精神需求的占比开始逐步提高。竞技运动的价值不只限于强身健体，人们更希望通过参与竞技运动获得更多精神享受。譬如，观看体育比赛，其优美的肢体动作表演、扣人心弦的竞赛等都给人们以美的享受。在比赛现场，随着比赛的进行，人们可以尽情地发泄各种情绪，这为参与者带来精神上的轻松、愉悦感。

　　竞技运动的特点是：充分调动参与者发挥体力、智力、心理等潜力；具有极强的对抗性和竞赛性；参加者有一定水平的体力和技艺；按照统一规则进行比较；大多具有娱乐性。竞技运动项目是社会历史发展的产物。早在公元前700多年的古希腊就出现了赛跑、投掷、角力等竞技运动项目，发展至今已有数百种竞技形式。普遍开展的竞技运动项目涵盖田径、体操、篮球、排球、足球、乒乓球、羽毛球、举重、游泳、自行车等。各国、各地区还有自己特色的民族传统项目，如中华武术等。

　　随着中国综合国力的提高，人们对美的向往也逐渐显现，进行难美性竞技运动的锻炼和训练成为社会时尚，体育舞蹈、健美操、艺术体操等项目在现代化生活中成为喜闻乐见的运动形式，同时这些项目在全国乃至全球的职业水平也在不断地提高，人们在审美方面的认识也更加深入。狭义的审美指的是人们对于美的欣赏，是人们如何去分辨客观事物的美和丑的行为；而广义的审美除了普通的欣赏活动之外，还包含了人们对美好事物

的创造活动，在这一点上体育舞蹈、艺术体操体现得最为明显，艺术体操的难度并不亚于杂技等竞技运动的难度。健美操又被人们称为人体雕塑的艺术品，男性隆起的肌肉，充分将人体肌肉的阳刚之美展示出来，女性的柔美线条展现其婀娜多姿的美，这些都会让观众眼前一亮，使观赏者不自觉地进入审美意境。类似这样的竞技运动其实是用肢体动作去展示审美情趣和艺术品位，具有艺术的基本特征。表现难美性运动项目项群中大多数运动项目都包含音乐美和服饰美，优美的音乐和绚丽的表演服装，都会成为裁判和观众的关注对象。所以，对于表现难美性运动项目项群的绝大多数运动项目的美，其维度不仅有动作技巧、难度美的欣赏，还包括和动作相关的搭配美、协调美。

本书主要研究竞技运动中表现高难度、高美感、高表现力、高新颖度的运动项目。选择表现难美性运动项目项群中具有明显代表性的体操、健美操、艺术体操、武术、体育舞蹈、蹦床、跳水、花样游泳等作为主要研究对象。内容包含此类竞技运动的发展历程、项目特征、价值要素、核心价值与其发展和实现路径。希望通过笔者的研究，能够给难美性竞技运动领域的研究者、从业者与爱好者提供一定的参考和借鉴。

本书的撰写，耗费不少精力，回首撰写时光，笔者不仅获得了更广博的知识，还对多年来的难美性竞技运动的发展和相关研究有了更深入的认知。感恩撰写这段时间以来，同事和朋友对笔者的帮助和支持。在撰写本书的过程中，参考了部分专家、学者的某些研究成果和著述内容，在此表示衷心感谢。由于笔者水平有限，不足之处在所难免，恳请广大读者、专家、学者给予批评指正，谢谢！

2021 年 6 月 16 日

Contents
目 录

第一章 难美性竞技运动的概述

第一节 难美性竞技运动的阐释

一、竞技运动的概念和发展

（一）竞技运动的概念

竞技运动即比赛性运动项目的通称。目前得到世界公认的项目有田径、体操、球类、游泳等，各国还有各自的特殊项目，如中国武术。竞技运动的英文对应词是 Competitive Sports。尽管国外关于竞技运动的广义界定各不相同，但狭义定义却是相近的，即"竞争性的身体活动"。

学者们对竞技运动的概念进行了诠释。有人认为竞技运动是特别的游戏形态。就活动本身而言，它需要技能、谋略；在组织层面是制度化游戏，涉及组织、技术、战术要素；在管理层面，它是社会设置，参与各方预先设定好秩序和规则；[1]在参与层面是社会场景、竞争场景，各方参与程度存在较大差异性。[2]有人将竞技运动定义为：需要身体活动的由共同商议的协定（在比赛前商定好）控制的游戏。也有人认为竞技运动是参与者在动机激励下参加的竞争性身体活动。[3]

就逻辑而言，竞技运动和玩耍有相近的内涵，具有玩耍和游戏的性质，是

---

① 杨蒙蒙、吴贻刚：《游戏范式：竞技运动异化本质的溯源与反思》，第十一届全国体育科学大会论文摘要汇编，北京，2019，第 2 页。

② 刘一民、刘翔：《"健"文化价值及当代哲学意蕴》，《北京体育大学学报》2020 年第 2 期。

③ 吴昊：《体育本质：源于游戏归于教育》，《中国体育报》2019 年 9 月 23 日第 7 版。

玩耍和游戏的延伸，但是玩耍没有竞技运动那样正式，竞技运动有专门的契约。竞技运动的游戏本质使它具有特定文化，这和精英竞技运动追求功利不同。具体而言，竞技运动目标指向自身，而非成绩。这决定了它和其他对抗形式的本质区别，为其促进人的自身发展提供可能。[①]

需要特别提到的是，竞技运动只是比赛性质的活动，其参与人数、形式等均远大于只有少数人参加的"精英竞技运动"。近年来，我们经常将竞技运动窄化为精英运动，误用带来了理论模糊，也削弱了群众参与的基础要件。但出于语言习惯，以下内容仍以精英竞技运动为主。

（二）竞技运动产生的不同学说

1.生产劳动起源说

原始人类早期，人们在长期的生存实践中逐渐明白，能否获取赖以生存的食物取决于速度、耐力、力量等身体素质，于是他们开始训练跑、跳、投等技能，这些活动被人类不断分类，逐渐演化出区分胜负的对抗活动。

2.游戏娱乐起源说

原始社会的竞技运动具有复杂的功能，是和其他文化现象混杂在一起的。因而，除自然发生的娱乐活动外，竞技运动既包含巫术、宗教元素，也包含军事元素，独立性不强。

（三）不同历史时期的竞技运动

1.古代竞技运动

在古代，由于生产力不发达，竞技运动是为了提高身体素质，以求在狩猎活动中获得优势。在公元前8世纪至公元前6世纪，希腊半岛出现城邦国家，此后的世界相继进入了阶级社会，即奴隶社会和封建社会。随着生活水平的提高，竞技运动不再把解决生存问题作为目标，娱乐开始占重要地位。个人的自我展现欲望增强，人们以展现才智而感到自豪，竞技运动审美开始形成。[②]物质条件的提升，使人们开始把注意力集中在"美"的提升。在奴隶社会和封建社会，奴隶主和封建帝王为获得更多资源开始发动战争，士兵的身体对抗在战场上变得重要起来。这时，很多士兵开始提高对抗能力，很多和军事体育相关的项目开始出现。

---

① 任海：《"竞技运动"还是"精英运动"——对我国"竞技运动"概念的质疑》，《南京体育学院学报》2011年第6期。

② 李佛喜：《从竞技到游戏：未来体育发展的新路径——基于体育史的反思》，《体育研究与教育》2016年第4期。

2.近代竞技运动

随着生产力的提升，工厂开始要求工人具备劳动协作能力。于是很多和人的协作相关的项目不断被创造出来。这些项目符合统治者利益，具备扩张和传播的可能。近代竞技运动是资本主义制度产生和大工业兴起的产物，它作为满足社会需求、培养人格精神的手段问世，主要集中在17世纪40年代到20世纪初的280年左右。近代竞技运动发展迅速，世界竞技运动以西方竞技运动为主线。近代西方在全球生产力发展中占主导地位，这为竞技运动的发展创造了物质条件。经济发展后，西方军事实力得到提升，为竞技运动的扩张发展提供了可能。①

在近代早期，体操（广义的）发展迅速（其中尤以英国最为突出），并得到迅速传播。随着资本主义的发展，世界市场壁垒被打破，这促进了竞技项目的推广。例如，印度羽毛球经过英国改进风靡全球，冰球和曲棍球由印第安人的往返掷物游戏演变而来。

3.现代竞技运动

第一次世界大战之后，竞技运动开始发挥重要的作用。随着科技的进步，竞技运动蓬勃发展，很多竞技运动成绩开始突破当时人类的认知。以个人为主的项目在科技发展中逐渐成熟，团体项目迅速发展，这期间最为典型的是篮球。科技含量的提高带来竞技运动的进步，科学发展是现代竞技运动的基本特点。

二、表现难美性项群界定

表现难美性项群是以技能中表现难和美为主要表现形式的运动。该运动的显著特点就是追求难度和美感，但是在该运动的发展过程中，也出现了很多争议性的问题。比如，在追求难度和美感的过程中出现了很多危险性事件，社会各界对这类运动的批评和指责越来越多。世界上很多协会和组织因为此类舆论遭受了很大压力，曾经有一段时间，为了缓和社会矛盾，很多表现难美性竞技运动不再以追求难度和美感作为规则的改革方向。但经过一段时间后发现，如果脱离了难度和美感，这类竞技运动的发展也就失去了它的本源价值。因此很多规则的改革最后还是向表现难度和美感的方向发展。"难"和"美"是技能主导类表现难美性项群各运动项目最明显的特点，可以说，"难"

---

① 邢金善、赵卓帅、蔡冠兰：《近代西方体育的形成、发展与文化传播》，第十一届全国体育科学大会论文摘要汇编，北京，2019，第2页。

是成套动作的生命，"美"是动作的灵魂。在国际评分规则导向下，各运动项目发展既体现出"难"和"美"的统一，又按运动项目规律，体现个性。由于表现难美性竞技运动不是通过距离或时间来判定胜负，因此在比赛项目结果的评定中，运动员的表现成为获得比赛优胜的关键性因素。运动员不但需要表现出动作的美感，还需要打动裁判。①

艺术体操、体操、健美操、武术等项目是表现难美性项群的主要项目。决定胜负的因素有技术水平发挥、场地、裁判评定和对手情况等。在这些运动项目的比赛中，运动员不但要保证自己的技术能力得以展现，还要通过个人表现力触动裁判。

三、表现难美性项群竞技运动项目研究综述

根据项群训练理论，表现难美性项目是以运动员技能中的表现难度和优美程度为主要决定因素的项目，包括跳水、体操、艺术体操等，项目训练核心是技术，包括基本动作和高难度动作，均以动作难度与稳定性等来评定，创新是其发展的生命。②

早在1988年，田麦久对1986—1988年我国参加亚运会、奥运会重点项目的研究表明：我国优势项目集中在表现难美性、表现准确性和隔网对抗性项群。他大胆预测了花样滑冰、女子足球、男子击剑具有成为优势项目的可能性。曹景伟发现第24—26届奥运会中，我国有13个运动项目赢得了奖牌，优势项目集中在球类、游泳、跳水、体操、举重，在这5个运动项目中，游泳和举重这两个运动项目属体能类，共获32枚奖牌，球类、跳水和体操属技能类，共获102枚奖牌，因此，他建议重视体、技能主导类项群中的项目协调发展。

郑幸红《从第27届奥运会我国获奖项目格局展望难美项群的增长点》通过《2000年奥运会我国参赛优势项目的成绩预测》文献，综合分析了27届奥运会中国参赛项目的奖牌计算和远程观摩后提出难美性项群是奥运战略中重要增长点的项群。③

姚侠文、陆保钟等采用理论和个案建立了难美技能类项目技术创新体系，包括：技术内容；技术特点；技术原则；技术方法；技术规律；技术动力；技

---

① 郭张箭：《技能主导类表现难美性项群制胜规律同异分析》，《中国体育教练员》2020年第2期。

② 田麦久：《项群训练理论》，人民体育出版社，1998。

③ 郑幸红：《从第27届奥运会我国获奖项目格局展望难美项群的增长点》，《北京体育大学学报》2001年第3期。

术条件；技术偶然性。①

曹晓蓉在《技能主导类表现难美性项群运动员表现力培养的研究》中得出影响表现力的因素包括气质和性格、专项素质、舞蹈修养、兴趣等。②

方奇、周建社等在《竞技体育项目艺术审美特征与发展趋势研究——以技能主导类表现难美性项群为例》中提出，艺术审美将以意境享受、情感愉悦、客观评判、社会认同的理念发展。③

赵轩立等在《基于规则演进健美操世锦赛成套动作竞争态势的研究》中指出，作为表现难美性的项群，在健美操实践和评分规则的互动作用下，编排和展现是成绩的决定因素。④

郭张箭在《技能主导类表现难美性项群制胜规律同异分析》一文中分析了制胜因素，发现它是"难"和"稳"的矛盾博弈，制胜需要实力和谋略下的难度战术运用，局部层次是难度和创编艺术的权衡。⑤

以上文献对表现难美性项群的研究都针对表现难美性项群中的重点项目进行了透彻的分析，对竞技运动发展的不同时期进行了相关研究，他们的研究为本文的探索奠定了坚实的基础。

四、难美性项群优势项目研究综述

1992年，谢亚龙、王汝英的《中国优势竞技项目制胜规律》对体操和跳水进行了分析，将体操归为波折起伏型优势项目，将跳水归为我国后起居先型优势项目，并从历史回顾、规律探索、发展预测等方面进行了阐述。

20世纪50年代末，体操提出"难度大、质量高、形象美"的规则，揭示了它的项目规律。宋雯在《世界体操强国制胜探秘》中指出：制胜因素是因素系统，要素间相互联系制约。制胜规律是要求规律，管理、决策、竞赛、训练

① 姚侠文、陆保钟、郑吾真等：《难美技能类体育项目技术创新理论研究》，《北京体育大学学报》2003年第4期。

② 曹晓蓉：《技能主导类表现难美性项群运动员表现力培养的研究》，《西南民族大学学报（人文社会科学版）》2005年第4期。

③ 方奇、周建社、谢佳辉：《竞技体育项目艺术审美特征与发展趋势研究——以技能主导类表现难美项群为例》，《沈阳农业大学学报》2009年第4期。

④ 赵轩立、张晓莹：《基于规则演进健美操世锦赛成套动作竞争态势的研究》，《北京体育大学学报》2017年第2期。

⑤ 郭张箭：《技能主导类表现难美性项群制胜规律同异分析》，《中国体育教练员》2020年第2期。

等都须服从制胜要求。本项群精髓是："难、新、稳、美"。①

赵洪明在《对体操制胜规律的再认识》中指出：项目的竞争是有规则、规范的博弈。系统运行分别在原理、决策和实施层面完成，最能起作用的是制胜规律。制胜规律由制胜因素和因素间联系组成。体操项目的制胜因素为"力、难、新、美、稳、智"，其内在的规律，总体表现在总合律、主导律和突前律。②

周继红在《跳水竞技运动科学训练过程中的若干要素关系探讨》中采用赛场观察法等，揭示双人跳水的成功经验，挖掘制胜规律。③

马飞在《我国竞技体操保持奥运优势项目的潜在因素研究》中描述了优势项目潜在因素为：现有的后备人才储备；解读规则，适应规则；正确把握发展方向；训练科学化；技术创新是秘密武器；责任感和事业心。④

胡玲在《蹦床项目制胜规律的研究》中指出了我国蹦床发展方向，对制胜因素进行了全方位的挖掘，指出了我国举国体制的优越性。⑤

张禹在《表现难美性项目比赛中不同服装颜色运动员的比赛结果差异》中指出：不同比赛服装对结果有影响。人类获取的信息 80% 来自视觉，它是最重要的外界信息来源，张禹等人的论文结果显示冷色和暖色组数据具有统计学意义上的差异。⑥

严明勇在《世界体操吊环项目的制胜影响因素研究》中指出：男子体操吊环是中国强项，自从黄玉斌获得世界冠军以来，我国在此项目的发展方面取得了显著的成绩。⑦

中华人民共和国成立以来，随着我国的发展，竞技运动不断融入训练体系，不再只是借鉴和学习，而是训练理论和实践同步发展，尤其是优势项目更是加大了对外学习和交流的步伐。但我国对运动项目的研究大都是从单个项目或项目发展单维角度进行。本文将以文献梳理为基础，对研究内容进行更进一

① 宋雯：《世界体操强国制胜探秘》，《成都体育学院学报》2001 年第 3 期。
② 赵洪明：《对体操制胜规律的再认识》，《南京体育学院学报》2002 年第 6 期。
③ 周继红：《跳水竞技运动科学训练过程中的若干要求素关系探讨》，《游泳》2006 年第 2 期。
④ 马飞：《我国竞技体操保持奥运优势项目的潜在因素研究》，《竞技运动》2010 年第 15 期。
⑤ 胡玲：《蹦床项目制胜因素的研究》，硕士学位论文，北京体育大学，2011。
⑥ 张禹、林晶：《表现难美性项目比赛中不同服装颜色运动员的比赛结果差异》，第二十一届全国心理学学术会议摘要集，北京，2018，第 4 页。
⑦ 严明勇：《世界体操吊环项目的制胜影响因素研究》，上海体育学院，2020。

步的分析和归纳。

第二节 难美性竞技运动的特征

竞技运动是各种竞技性运动项目的总称。其中的"竞"指的是竞争，"技"指的是技能。竞技运动的基本特征有以下几点。

一、技艺表现的高超性

高超性是竞技运动最本质的元素特征，竞技运动的参与者总是力求不断提高体能、技术、战能、心能、智能和知识水平，从而发挥潜能。竞技运动的比赛能力不仅体现在比赛场上，也体现在素养提高等方面。

二、挑战维度的极限性

现代竞技运动的极限性表现为能力挖掘的极限性。随着世界竞技运动各项目的不断发展，各运动项目的优秀选手在世界顶级大赛中不断涌现。各运动项目的成绩逐渐逼近人类极限。运动员要想获得比赛的胜利就需要不断对人类身心承受极限负荷进行挑战。

三、比赛规则的规范性

在竞技运动比赛中，比赛规则的规范性是放在首位的。没有规范性的规则，所有竞技运动的结果就都没有了公信力。规范性是建立在公平性的基础之上的。建立规范性的规则是保证竞技运动能够持续发展的基本前提。这也是保证运动员积极性的基础要件。

四、比赛场合的公开性

通信技术发展使运动赛事成为吸引全球关注的活动，竞技运动比一般活动更具公开性。在训练方面，新的技术和方法经过比赛很快会为竞技参与者共享。创新性和先进性只是暂时的，比赛获胜的秘密被公开后，很快就成了常规技战术。这在某种程度上也促进了运动项目的不断发展。

五、竞争范围的群体性

竞技运动是由若干运动员参与的群体性行为，要求必须有参与群体，并组成常规化的项目赛事。在集体项目中，群体性被发挥得淋漓尽致。个体在群体中起作用，完成相应功能。个体间相互联系，构成了被社会大众接受的群体性活动。因此，竞技运动是由大的群体行为系统参与的社会行为。

六、竞技比赛的观赏性

竞技运动是从以娱乐为目的的游戏发展而来的，现代竞技运动的娱乐性日益增加，观赏性也不断提高，不仅参加者可以表现自己，观众也可以通过观看比赛在紧张的生活中得到放松，获得轻松感和愉悦感。

第三节　难美性竞技运动的趋势

一、提高水平，保证国际大赛成绩

20 世纪以来，国际社会对中国人在竞技运动领域的光辉形象并不是很认可，现代比赛始终承载着争光重任。应继续以比赛这种和平形式参与到国际赛事中，并在比赛中获得较好成绩，使中华民族屹立于民族之林。

二、与时俱进，选择适合发展模式

我国的竞技运动模式是在 20 世纪 50 年代学习苏联的基础上探索出来的。竞技运动的发展可以表现出历史文化形态和民族文化形态。任何竞技运动的发展必然都会按照不同的社会发展来选择适合道路。综合来看，竞技运动发展必须坚持创新和与时俱进。创新发展是永恒的主题，难美性竞技运动的发展总是动态的，我们必须开阔视野，不断跟进，走出一条适合中国人自己的发展道路。

三、统筹规划，坚持以政府为主体

就目前的发展状态而言，改良型的具有中国特色的发展体制更有利于我国难美性竞技运动的发展。竞技运动发展始终离不开政府的统筹和不断推进。政府是必要的发展主体，竞技运动事业的发展需要相关体育部门按照国家政策，争取更多的资源和优惠政策推进。政府作为竞技运动事业的管理者，应该盘活资源，通过赛事构建竞技运动良性发展模式。

四、审时度势，跟进全球产业化趋势

首先，全球化趋势表现在赛事参与、人员流动、训练全球化上。在奥运层面，发展中国家的参与打破了欧美占主导的局面，亚非国家是奥运赛事不可忽略的竞争者。跨国界流动的教练员和运动员促进了人才的合理流动和项目的国际化发展。项目发展条件较差的国家会把运动员送到发达国家，利用科学和先进的训练基地、设施提高其项目竞争能力，这也成为现代竞技运动不断拓展和优化国际交流的行动方向。其次，产业化表现在竞技运动的职业化趋势上。竞技运动在 19 世纪初期就已开始职业化。随着商业资本的介入，竞技运动被作为商业载体进行运作并成为其发展的推进因素。

五、技术创新，提升核心竞争力

创新发展理念居五大发展理念之首，在"十三五"规划中"创新"被提及 71 次，"十四五"规划明确提出，要坚持创新在我国现代化建设全局中的核心地位，足见其重要程度。新时期，创新是我国各项事业发展的灵魂，是引领我国各项事业科学发展、和谐发展、全面协调可持续发展的第一动力。

创新既是竞技体操运动的生命，又是竞技体操的重要特征，还是竞技体操制胜的规律。《国际体操联合会 2022—2024 周期竞技健美操评分规则》要求技术动作更多样，同一动作连续出现的次数有了新规定；对动作设置和节目编排的创新度要求更高；对一些技术动作的难度分进行调高或者降低。新规则整体上强调"多样化重创新"。正如国际体操联合会男子技术委员会（Men's Technical Committee，MTC）主席所说："对那些优秀运动员来讲，为了与其他运动员的区别，就势必要来提高动作的难度。MTC 是更希望能在各个项目上见到以往很难见到过的各种各样的难度动作，而不希望看到的成套动作像规定动作那样，千篇一律"。因此，新时期，加大体操技术动作创新，对进一步提升我国竞技体操核心竞争力具有重要意义。

其一，激发教练员、运动员和科研人员的创新动机。竞技体操创新动机指能引起创新主体进行创新行为，维持该行为，并满足创新主体对竞技体操技术创新需要的过程。教练员、运动员和科研人员是竞技体操技术创新的主力军，激发他们对竞技体操技术的创新动机，对创造更多新难技术动作具有重要

意义。其二，提高运动员技术动作创新的自主性。其三，更新训练理念。新时期，我国竞技体操要更新训练理念，在强化素质训练的同时，适当增加蹦床和弹簧道的训练，实现素质训练和感统训练并重，为我国竞技体操技术创新提供更多空间和可能。其四，完善人才选拔机制。新时期，完善我国竞技体操人才选拔机制，给单项选手更多的机会和空间，从而激发其为了入选或获取优异成绩而对技术动作精雕细琢，不断创新高难技术动作的热情。其五，把握创新时机，注重创新积累。抓紧创新的年龄时机，如男子在 16 岁以前是创难新技术动作打基础阶段（基本技术积累）；17 ~ 20 岁是大力创难新阶段（身体素质、基本技术积累和竞技状态都是最好的），搞独创、攻难度主要在这个时期；20 ~ 25 岁是重点攻难新、技术成熟阶段。随着训练科学化程度的不断提高以及天才运动员的诞生，运动员创难新的时间已经大大提前。其六，竞技体操技术动作的创新既要遵循规则，又要大胆地超越规则，从而促进体操竞技者们不断地创造出新技术动作。根据 2022 年 5 月颁布的 2022—2024 年版国际评分规则：1）男子自由体操时间由 70 s 增加至 75 s，但是每个技巧串之间的停顿规定仍是不能超过 2 秒，所以运动员需要增加非技巧动作或舞蹈动作等过渡，提高了对体能的要求；2）技术委员会草拟方案提出将男子吊环提高 10 cm、双杠提高 5 cm、女子高低杠的高杠及低杠同时提高 5 cm，器械高度提高意味着下法动作有更多的创新可能性；3）运动员命名动作要求由 D 组降至 C 组，降低命名要求以吸引运动员创新动作。纵观近年的创新动作主要在自由体操、鞍马、单杠项目上，例如，自由体操的屈体后空翻 3 周和转体度数更多的旋空翻、鞍马以托马斯完成边打滚边移位的复合型动作、单杠的 720° 旋空翻越杠，可见未来趋势是鼓励发展高难度大空翻。最后，部分体操项目的难度发展已经达到瓶颈，需要充分借助高科技手段和辅助训练手段的强力助推，以及富有创新思维的优秀教练员。

第二章　体操竞技运动的价值

体操是系列体操项目的总称，涵盖竞技体操、艺术体操、蹦床等奥运会正式比赛项目，还包括健美操、技巧等非奥运会项目。竞技体操是体操的分支项目，是在赛场上以争取比赛的优胜为主要目的的体操形式，指在规定器械上完成相对复杂的难度动作，并根据难度动作的具体分值或动作难度的分级、编排和完成的综合情况进行评定和打分的对抗运动。对抗运动中既有动力性动作，又有静力性动作，其难度大、技术复杂，有一定的危险性。基本体操是指动作和技术较简单的一类体操。体操赛事的缺乏不利于素质培养，随着体操向"难、新、美"的特征要素发展，运动员需要付出更多汗水才能在比赛中获得优胜。①

第一节　体操竞技运动的发展历程

一、古代体操

中国古代体操一类是强健筋骨类体操，有代表性的是《内经》中的"导引养身术"。1973年，湖南马王堆汉墓出土的《导引图》，距今已有2100多年，该图不仅年代早，而且内容丰富：有肢体竞技运动、呼吸竞技运动、器械竞技运动等运动形式。另一类体操存于乐舞、杂技、戏剧和民间技巧中。

1969年春，济南发掘的14座汉墓中，发现的乐舞杂技陶俑中有4个陶俑是在做与体操类似的竞技运动造型，这些富有韵味和运动气息的陶俑已经足够说明在古代就有了体操运动的形式。当然，偶然中是带有必然性的，体操是身

---

① 李秀霞：《高校体操教学中现存问题及对策分析》，《运动》2018年第1期。

体运动中最基本的运动形式。在古代经济发展条件和物质并不丰富的前提下，人们采用不需要太多的外界器械参与的身体活动表演也是必然的。东汉时期，华佗受动物启发发明了"五禽戏"，虽然是出于强身健体的目的设计的，但其优美动作已可看出体操的基本形态①。

唐宋后，体操有了进一步发展，出现了双人和集体动作，有许多复杂的翻腾动作，成为新体操。

至于器械体操，东汉就有"杠力功"，其运动形式已开始接近现代器械体操。现代体操源于18世纪末，当时先后出现了德国、瑞典、丹麦等流派，它们不仅推动了体操的发展，也为现代体操的形成奠定了基础。

二、现代体操

（一）1953年至1966年的发展起步阶段

中华人民共和国成立初期，体育普及程度较低，因此中华人民共和国体育运动委员会（简称国家体委）决定在更高层面上推进运动发展。1953年，发展面较广的体操比赛邀请了苏联参与比赛，这标志着体操发展进入新征程，我国开始具备国际发展视野，这让我国对竞技运动的落后局面有了清醒的认知和准确的定位，以前关起门来搞建设的办事方式开始被撼动。②我国运动健儿开始奋发图强，试图为我国政治、经济、文化全面落后的社会现状打开发展的契机和对外进行全方位交流的窗口。1953年11月，国家体操集训队成立，全国的省市优秀教练员扮演了重要的发展角色，他们在我国体操运动非常落后，经济发展落后和运动场地、设备不足的情况下，克服一切困难进行训练和比赛。这为我国后来竞技运动的发展打下了坚实的基础。1955年，我国向苏联派出学习和观摩人员。1954年，我国开展现代体操全能比赛，体操竞赛、裁判与运动员制度逐步开始具备雏形并固定下来。体操竞技运动的赛事和训练体系已经具备了多层次发展的框架结构。另外，在此阶段，我国体操事业得到了国家领导人和决策者的大力支持和扶持。1958年，我国男队和女队参加了第14届世界体操锦标赛，开始走向世界舞台求得自身发展的一席之地。1969年我国体操运动的领导开始重视体操队伍的壮大，培育多层次的基层人才队伍。这为我国后来

---

① 贺新成：《中国古代"体操"发展研究》，《内蒙古民族大学学报（自然科学版）》2016年第2期。

② 李萍、陶成武、方奇、周建社：《现代体操运动的意蕴发展与结构演变》，《北京体育大学学报》2020年第7期。

竞技体操的发展提供了人才发展保障。而人才发展保障是各种保障条件中最重要、最基础的。中国体操队开始重视基层体育人才，这对我国体操事业的发展起到了重要作用。为了促进体操运动的发展，我国非常重视对国外技术的学习和交流，邀请了大批专家到我国进行指导。1962 年，在第 15 届世界体操锦标赛中，于烈峰夺得鞍马第三名，他的成绩已经实现了中国竞技体操运动成绩的重大突破。但是在此时期，竞技运动依旧处于缓慢的发展时期。

（二）1967 年至 1978 年的发展停滞阶段

20 世纪 60 年代初期，中国的体操发展不仅重视对外学习，也重视结合特色、挖掘规律。[1] 竞技运动训练体制雏形基本形成。到 20 世纪 60 年代中期，一些成绩被要求达到世界先进水平。但是在竞技运动出现转折契机时，全国性比赛开始被频繁取消，后备性人才的培养也陷入了停顿，此时的发展陷入了低谷。

（三）1979 年至 1983 年的迅猛发展阶段

自党的十一届三中全会以来，中国开始进入改革开放的新时期，中国人民开始学习先进的国外科学技术和文化精华。此时的中国经济发展较快，体操也得到迅速发展。1979 年，第 4 届全国体操竞技运动会第三次委员会会议对体操等体育协会进行了进一步规范和人员审查，确定了首批国家体操教练员名单。1979 年，在我国恢复国际奥委会合法席位的背景下，中国经济和体育战略进行了调整。1980 年，全国体育工作会议讨论了集中统一领导、重点突出、分步骤、有计划地发展竞技运动的全面振兴策略和计划。此后，中国体操队参加了第 20 届世界体操锦标赛，马燕红夺得高低杠金牌，标志着体操运动全面发展的开始。1981 年世界体操锦标赛中国队获女子团体操银牌和 1983 年中国男子团体荣获世界体操锦标赛金牌，意味着我国体操的发展水平达到了新高度。我国体操水平开始与世界先进水平接轨。但是由于一些其他客观原因，我国的体操人才梯队还是没有完全形成。

（四）1984 年至今的可持续发展阶段

1984 年，我国提出奥运战略，要求把技术水平可持续作为发展的基本思路，运动水平要不断提升还要可持续。同年 10 月，中国共产党中央委员会肯定了竞技运动领域做出的卓越成就。1993 年，中国提出了可持续发展战略。体育强国的建设需要发展大众体育，在发展职业竞技运动的同时，还需要大力发

---

① 祝兴奉：《体操运动研究现状与领域分析报告》，《当代体育科技》2018 年第 23 期。

展群众性体育活动。进一步提升人民群众的群体性锻炼条件，成为体育发展的重要任务。在这种社会环境下，我国艺术体操也表现出可持续发展态势。在大力发展高水平竞技运动的同时，也在不断拓展群众竞技运动的发展水平。2008年北京奥运会和2012年伦敦奥运会，中国体操队取得了良好成绩，这些荣誉见证了国家和平崛起和竞技运动可持续发展模式的成效。

第二节　体操竞技运动的基本特征

要分析体操运动的价值，先要了解体操竞技运动的基本特征，这是了解其价值的基本前提。价值剖析需要深刻把握其内在元素后对其进行透彻分析。体操属于技能项群中的难美项群。"难"表现为成套动作难度价值，涵盖的是动作的难度、创新、连接、编排；"美"表现为完成情况，指的是规格、质量、姿态、稳定性等技术完成的美感元素。规则的制定受多种因素的影响，一方面要保证比赛的可观赏性，既要表现出美感，又要表现出一定的难度。而难度和美感在某种程度上与安全性是相互矛盾的，在追求某个技术动作难度的时候，运动员就很有可能受伤。在某个周期，规则会体现出一定的主题，但"难"和"美"始终是此类项目无法脱离的最核心要素和最本质的特征要素。比赛是靠人体动作来表现的，是在规定时间和空间范围内，相对于器械表现出来的克服体重完成复杂、惊险动作能力的比拼。比赛中，裁判员在规则指导下，凭主观感受对动作进行综合性的评判和打分。整体来看，体操竞技运动的基本特征有以下内容。

一、文化性

（一）体操竞技运动是以竞技运动为载体的文化

竞技运动是文化的一部分，是文化或体育文化。竞技运动促进了人们能力的提升。体操是以文化为载体的程式性运动。体操能够对人们的内心世界和社会行为产生影响，体现了文化精神。它凝聚智慧，受到关注，从而具有文化功能。顾拜旦坚决反对奥林匹克是纯粹的运动的观点，他认为它不仅是运动，而且是智力和艺术。通过发展文化可以增进友谊，竞技运动对文明有重要贡献。

（二）体操竞技运动是以身体动作和艺术表现为载体的文化

体育美是体操竞技运动中的现象，体操竞技运动是追求形态美的活动，是人体美发展的形式。精湛技艺、挖掘自身潜力、向极限挑战、创造愉悦感受是体操竞技运动创造美的方式。运动员的动作如同争奇斗艳的艺术，吸引着无数观众。体操所营造的气氛和审美意境构成审美景观，使其具有极好的观赏性。这种观赏性提高了人的修养和审美情绪，美化了生活。

（三）体操竞技运动是一种具有多元性和兼容性特征的文化

现代体操运动是基于平等尊重、公平竞争的精神，反对一切形式的歧视，所规定的各项公正平等竞争原则，所制定的各项规则规范，都物化成一系列独特而鲜明的文化形式，具有普遍性意义。随着世界联系的不断加强，体操运动的持续发展，文化的多元交融是不可避免的，历史经验证明，对多种文化的兼容和尊重，这对我国体操运动可持续的健康发展起到了积极有效的推动作用。

二、新颖性（创造性）

创造是体操美的特征。体操美的本质是人具有正价值的本质力量。新评分规则颁布以前的体操比赛包括规定动作和自选动作，而1997年版的新评分规则中取消了规定动作，更加鼓励运动员发挥自己想象力对动作进行自由创新。运动员在规定动作中比表现力和稳定性，创造受到限制；而在自选动作中，运动员可根据个人想象和创造能力，充分展现自身的身体素养和创造才能。体操的生命和灵魂在于创新，运动员要想脱颖而出，就必须把自己的想象力和创新力发挥到极致，采用各种花样的、多姿多彩的运动形式，博取裁判员的赏识，通过别出心裁的创新和编排，最终赢得比赛的胜利。由此可见，体操运动不但体现个人的身体素养，还体现了运动员的审美情趣和创造能力。体操动作美的创造主要体现在设计和编排上，体操艺术运动员要脱颖而出就必须编创出具有创新性和观赏性的套路。例如，李宁的吊环"支撑前摆后翻经后悬垂前摆上成支撑"的吊环动作，吴佳妮的"腹弹分腿跃杠再反抓杠"的高低杠动作等是体操创新性动作的典型代表。这些动作曾经引领了一个时代，对推动竞技体操运动的发展具有重要的意义与价值。

三、惊险性

体操不同于田径，在体操运动中，人体是在支撑、悬垂状态下来控制身体。项目本身具有惊险性。体操是运动员技术、体能的比拼。正是因为具有惊险性，才使得体操有迷人的魅力。在新修订的评分规则中，"勇敢性"和"独特性"都可以获得加分。一套动作中，在完成动作、连接或在整套动作中都可

能出现失败，运动员必须拿出勇气和胆量进行操作。在比赛中，运动员冒着失败，甚至是受伤的危险去探索，对自身动作不断地精益求精、不断地挑战，追求动作的完美，使人类的机体动作更加完美，精神更加充实。

四、艺术性

体操美表现为艺术美，这种艺术美不同于绘画。体操美的艺术性既综合了艺术形象，又蕴含生命的律动，充满了活力，它的表现性是通过人的身体来完成的。人们观赏比赛，时而如欣赏活动的画面，时而如聆听动听的诗歌。体操美的艺术表现性是其具有感染力的保证。人们通常将体操比赛称为体操表演，其实就是将运动员当作演员。体操美的艺术表现是其他运动项目不能体现的，这种表现性已被明确写入规则。例如，女子体操评分规则中关于"完成情况和表现"，就包括对"艺术表现力""组织和编排""各种动作和连接的多样化、创造性"等要求。

五、多元化特征

体操的美体现在其多元化特征上。体操难、美是在漫长的发展中提炼出来的，是浓缩的形态美。它集竞争、表演、力量、形体于一体，具有多维度的美。体操美既表现出人类对力与美的追求和不断创新的精神，又体现出人类不畏艰险的奋斗理念。体操美是将美的社会性和自然性融合得较为完整的美的形式。

六、形体表现性

体操表演是运动员在不同状态下通过身体变化来完成动作的过程。体操美的艺术性通过形体来体现。体操美不同于传统美，它对每个动作都有要求，在完成动作时决不允许出现屈、分、勾等动作。体操美还体现在个性风格和动作一致上，其风格包含了美学情趣。

七、内容丰富，形式多样性

体操比赛项目相对较多，男子体操项目包括自由体操、单杠、双杠、吊环、鞍马和跳马，女子体操项目包含自由体操、高低杠、平衡木、跳马。体操比赛的项目多，因此内容丰富。苏联著名体育专家格维尔多夫斯基认为，"体操所采用动作，暂时只占体操动作宝库的10%，还有大量储备未挖掘"，足见体操动作的潜力之大。就动作的通常形态而言，有静止和运动状态，其中静止分为垫上和器械两种，运动状态包括跑动、支撑等；就姿势而言，有团身、屈体和直体等；就位置而言，有地面、空中、器械上和器械下。

第三节　体操竞技运动的核心价值

一、关于体操价值的研究

价值是指事物的积极作用。价值是存在于客体对象和主体需要之间的关系，离开了主客体关系，也就无所谓价值。[①]

从概念出发，体操竞技运动是客体，人是主体，体操价值是存在于人和体操关系中的，如参与体操练习、观看表演等。笔者在筛选文献时发现，有许多关于体操价值方面的研究，同时，有关体操功能的研究对本研究也有指导意义，因为体操价值存在的基础就是体操功能。

高留红等在《对体操的再认识》一文中对体操功能进行详细论述的基础上，对体操价值进行分析：第一，设计符合人体工程学原理，可以用来指导大众进行健身；第二，设计符合生物力学规律。任毅民在《对体操竞技运动价值的探讨》一文中指出，参与广播体操、现代健美操等，具有促进身体发育、改善身体机能等作用，认为体操在充分挖掘人的潜能、展示人类精神面貌方面具有重要价值。彭鹰、张武在《浅析体操竞技运动的人文价值》中则指出了体操具有提高人们欣赏美的能力的价值，在培养爱国主义、拼搏和务实作风等方面具有价值。杜典英在《论体操的审美价值》一文中，则从体操的人体美、力量美等方面，分析了体操的价值，并指出了体操美具有欣赏、教育和激励功能。许常芳在《试论竞技体操运动的文化内涵与价值》一文中指出，体操的文化价值包括美学价值和社会文化价值，体操的文化功能是教育和娱乐功能，阐述了体操竞技运动在思想方面的作用和体操中的美与娱乐的关系。

二、体操竞技运动的核心价值

（一）美学价值

体操竞技运动属表现难美性项目，具有极高的美学价值，它对提高人们创

---

① 高留红、张予南、谢建中：《对体操的再认识》，《北京体育大学学报》2009 年第 5 期。

造美的能力有重要意义。体操美包括以下几种：形体美，是指人体外部的体态美感，体操运动员选材要求体态优美、体形符合"黄金分割"；姿态美，是处于各种优美姿势的美感，是运动员的艺术反映；动作美，是运动员的动态美；新颖美和惊险美，是指运动员动作具有创新性和惊险度。体操的美还有很多种类，如教练员、裁判员形象美，运动员精神美，艺术体操服饰美，等等。

（二）美育价值

美育是通过审美进行的，而审美要求有"美"。因此，要了解体操的美育价值，首先要认识"美"。从美学角度出发的美包括以下几点：①身体美。健康的身体美，通过人体体形、肌肉等体现出来。例如，男体操运动员表现出来的"倒三角"，女体操运动员表现出来的"腰细、臀薄"。②动作美。动作中体现的美。这些美是依附于动作的技术、规格，除兼具一般美的特征外，也具有独特的风格。③行动美。行动类是在教学活动中，受教育者在参与学习时，在道德情感等方面表现出来的美，主要存在于交流中，如互相帮助、分组练习等。

（三）社会文化价值

竞技运动对社会的影响是全方位的。体操竞技运动作为重要的文化组成，基本涵盖了所有的文化价值要素。首先，体操是礼仪文化，每次重大盛会，都是以体操为媒介的活动。其次，体操是道德文化，如奥林匹克竞技运动，作为文化符号，释放了人的个性。标志着人的成熟和理性觉醒。体操竞技运动是创新性文化。创造是人类的活动，贯穿于人类发展全程，体操发展史，实际上也是不断发展创新的文化史。

（四）教育价值

从体操的发展史来看，不管是在希腊时期，还是在当今教学中，体操都有被作为教学内容。在我国颁布的最早的体育课程——《奏定学堂章程》中，也包含体操内容。如今体操不仅是体育大纲中的内容，还形成了独立的课程，即各大高校体育院系和专业体育院校的《体操》。体操能够作为独立的教学内容，在一定程度上证明了其教育功能，而研究体操的教育功能，需从体操教学出发。

第四节 体操竞技运动价值的实现路径

一、认清体操"难""美"和谐性的辩证统一

体操在经过难美与安全性的碰撞后,有妥协的倾向性。自选动作的原则是运动员能够安全控制身体完成动作,前提是创造性,这要求运动员不能不顾姿态。可见,国际体操界争论开始走向妥协。

(一)"难"和"美"既对立又统一,体操发展是螺旋式上升的

体操是独立发展的,在其发展中"难"和"美"开始呈现,这对矛盾推动着体操发展。但是,发展是曲折的,体操发展总是以新动作开发开始,最后进入稳定,又上升到主导地位。继而再以此三个阶段作为周期。每个周期中难度的开发总是先导,之后让位于美。但是,在一定历史阶段,难度在纵向上的发展是有限度的,如果不顾限度,过分追求体操动作的难度,势必会带来不好的影响。

(二)体操"难"和"美"辩证统一,互相制约

难度被看作衡量维度,通常情况下,动作越是有难度,便越是有价值。体操作为艺术符号,应不断创新来推动自身发展。它在难度上的突破增加了技术组合。难度越高,符号结构越复杂。反过来说,难度所包括的技术属性,需通过动作美来体现。由此,难度构成了美的基础,美则把难度融进技术要素。难度因素大多也是美的因素,如结构、连接、幅度等。

另外,立难需立美。这是由于难度和美感虽都是无止境的,但这并不意味着难度可以超过人体极限(如几十周的翻腾,几千度的旋转)。难度发展经历高潮后,自然会缓解,姿态也会有新标准。例如,规则规定:腾跃中的勾脚尖、筋斗中的分腿、下法中的分腿要扣分,这是对美的维护。可见,美的倾向不会因难被削弱。美是体操的灵魂。美需要既存于难之中,又可独立于难之外。

(三)"难"是生命,"美"是灵魂,"难"和"美"的统一是目的

季托夫曾说:"难加上美,加之浪漫是未来体操。"埃伦·伯格指出:"除完成技术外,还要求表现协调、力量与美。"李宁则说:"体操不是难度简单而机

械化的堆砌，而是融合。"季托夫还曾说过："体操不仅是美的对抗，更是难度的比拼，生命在于勇敢挑战。"

二、更新体操类项目协同发展的理念

理念是对事物的思维活动。伴随体操发展及人们对体操需求的增长，体操的发展逐步跳出传统认识，人们只有更新和转变对体操的认知，才能更好地促进体操的发展和进步。逐步转变对体操的认知理念、价值观念等，是促进体操类项目协同发展的基础。一是认知理念更新，从单一性层面认知转变为多元认知；二是价值理念更新，从传统体操比赛和表演，逐渐向相融合的整体观念转变；三是发展理念的更新，从单一的举国体制，逐渐向社会组织实施和市场导向发展。因此，体操发展表现为主体、制度、模式的改革。

三、构建体操类项目的四级竞赛体系

国家体育总局体操运动管理中心和教育部学生体育协会共同构建四级体系，涵盖区县级、市级、省级、国家级四个层级。建立体育系统和教育系统互认的裁判员制度、运动员等级制度、等级训练大纲、竞赛分级制度、竞赛资格制度、竞赛奖励制度、竞赛活动评价制度和赛风赛纪制度等多种保障训练和竞赛正常进行的多维制度体系。

构建体操"四级"赛事的目的是形成科学、合理的体系，它们间是共存、互补的关系，使每级赛事都能得到保障，真正形成科学性赛事体系。为推动体操更好地发展，需要建立脱离部门利益的跨部门、高规格机构，统筹体操类项目赛事编排，加强体操运动管理中心、教育部和各级体育协会协作，共同推进顶层设计，建设高水平、高质量、高强度赛事平台，促进运动员参赛。我国应在有限的条件下，充分整合资源，建立合作机制，为各年龄段运动员创造比赛契机。例如，学校可利用其优质场地设施组织课后训练、赛事。

四、融入体育强国和健康中国的目标

"体育强、中国强"，体育强国包括竞技运动住居国际体坛前列、群众体育规模逐步提高、人民健康水平提高。体操和大众体操是发展的两翼，要均衡发展。从宏观层面来讲，普及和提高要协调，各地市要均衡发展；从中观层面来讲，人才梯队要均衡布局；从微观层面来讲，人才培养要从娃娃抓起。例如，浙江幼儿体操，几十年的坚守已经成为风景，成为品牌。

在体育强国建设中，体操有必要给出答案。体操观念的转变，为竞技运动的可持续发展带来动力。在实践中，文化培育、项目市场化等非常复杂，需要广泛关注。当然，体操能否实现社会化，不仅涉及体制，还涉及创新，既要改革，又要创新。以"普及"和"提高"推进市场化，引导社会力量推进项目生成，提高社会参与度，促进体操项目可持续发展。

第三章　健美操竞技运动的价值

　　健美操是深受群众喜爱的集体操、舞蹈、音乐、娱乐于一体的充满朝气和动感的竞技运动项目。

　　健美操大量吸收了迪斯科舞、爵士舞、霹雳舞动作，给健美操增添了活力和朝气。[①]

　　健美操是有氧运动，其特征是持续一定时间的全身运动，主要锻炼心肺功能。进行健美操运动有诸多好处，不仅能健体，而且能减肥，这种减肥方法将健美和健身相融合，非常适合女性。

　　健美操在音乐伴奏下，通过难度动作的完成，展示连续表演高强度动作能力。成套动作需通过动作与音乐融合体现动作美。[②]

　　竞技健美操比赛有三种：

　　（1）全国健美操比赛。

　　（2）全国职工健美操比赛。

　　（3）全国大学生健美操比赛。

　　健美操在场地、人数、特定动作等方面有严格标准，不得擅自更改。

　　健美操单人时间在 1 分 30 秒（加减 5 秒）之内。混双、三人、集体时间限制在 1 分 45 秒（加减 5 秒）之内。单人场地为 7 米 ×7 米（混双、三人、集体场地为 10 米 ×10 米）。健美操服装有规定，一般为紧身专业健美操服，还有专门规则对细节做特殊规定。

　　健美操动作的特殊要求：①艺术性。成套动作要求充满活力，表现流畅，显示力量和柔韧而不重复。②完成。未按健美操定义构建的动作将被扣分。混

---

① 王月敏:《健美操运动对青少年健康促进的价值及开展策略》,《青少年体育》2019 年第 11 期。
② 刘苑鑫:《简析高校健美操教学中的心理训练》,《运动》2018 年第 19 期。

双和三人（六人）成套动作中最多允许 3 次托举或支撑，包括开始和结束的动作组合。③难度。至少包含每类难度动作各 1 个，难度分是 10 个最高难度动作的全部分数。

第一节　健美操竞技运动的发展历程

一、发展概况

虽然我国古代没有关于健美操或体操竞技运动的记载，这些概念直到 19 世纪才被引入国内，但我国民间素来注重锻炼。考古发掘证实，2000 多年前的古图上就有和今天健美操动作类似的精美图案。在魏晋时期，曹植的《洛神赋》描述的审美标准和当今美学具有异曲同工之妙。素来重视强身的中医一直有健体理念，五禽戏的基本动作有和健美操类似的构成元素。①

鸦片战争后，现代体操传入中国；1905 年，大通师范学堂徐锡麟、陶成章开设"体操专修科"；1908 年，中国第一所体操学校——中国体操学校创办；1937 年，我国康健书局出版马济翰的《女子健美体操集》；中华人民共和国成立后，第一套广播体操开始推广。这标志着早期健美操开始发展。

1981 年 1 月 4 日，陆保钟、牛乾元发表《人体美的追求》；次年二月，《美·怎样才算美》由中国青年出版社出版；1983 年，《健和美》由人民体育出版社出版；1984 年，《女子健身操》在中央电视台播放，之后还播放《健美 5 分钟》，引起民众关注。1984 年，率先开设健美操的北京体育学院和上海体育学院成立教研室；次年，"青年韵律操"等六套健美操由北京体育学院创编；1986 年，北京体育学院编写首部《健美操试用教材》；1986 年，首届"全国女子健美操邀请赛"在广州开幕；1986 年，首届"康康杯"儿童健美操友好邀请赛举行。1987 年，利生健康城成立，我国第一家健美操健身中心诞生。此后，健美操开始进入校园。1987 年，由北京体育学院和共青团北京市委举办的"北京市首届青年韵律操比赛"开幕；1987 年，"达尔美杯"群众自编健美操电视比赛在上海举行；1987 年 5 月，全国首届"长城杯"健美操邀请赛在北京开赛；1988 年，中华全国体育总会群体部等联合举办"全国中老年迪斯科健身操

① 李竞媛：《基于休闲体育文化的健美操运动发展路径》，《淮南职业技术学院学报》2018 年第 18 卷第 6 期。

（舞）电视大奖赛"；同年，国家体育运动委员会（以下简称国家体委）群体司和国家教育委员会（以下简称国家教委）体卫司联合举办"少年儿童韵律体操邀请赛"；1989 年，中国特色健美操竞赛规则正式启用；1992 年，中国健美操协会，中国大学生体育协会健美操、艺术体操分会成立；1995 年，国务院颁布了《全民健身计划纲要》，标志着健美操成为全民健身重要项目；1995 年，随着《健美操运动员技术等级制度》的出台，开始对国际运动员、国家运动员和一、二、三级运动员有明确要求；1998 年，《全国健美操指导员专业技术等级实施办法（试行）》《全国健美操大众锻炼标准》出台；1999 年 1 月，健美操正式与国际接轨，并邀请国外专家来我国讲学，至此，全国开始统一执行 1997—2000 年版本的《竞技健美操规则》；2000 年，健美操协会会员制出现。此后，健美操得到重视，中国开始有组织地参加世界大赛。如今，高校有健美操社团组织，民间也开始举办健美操比赛，健美操运动开展得越来越繁荣。

二、在动作难度方面的发展

对国际规则分析可看出，在时代发展中，健美操的难度动作在经过持续增加后，已趋于稳定。在比赛中，高分值难度动作持续增加，低难度动作减少，这表明健美操在难度方面是朝着高水平发展的。

在健美操中，难度动作数量逐步增加且趋于稳定，这说明健美操中的每个阶段，都有新难度动作。要想在比赛中取得较好的成绩，运动员需要不断练习新动作，这也促进了健美操的持续发展。

三、在艺术方面的发展

一是音乐和动作理念一致。音乐是健美操的灵魂和重要组成。同时，音乐能够表达内涵。运动员在表演成套动作时，音乐能对动作进行烘托，让运动员的动作在音乐烘托下更具艺术气息，表达出运动员对竞技运动的情感，从而赋予表演生命力。由此可看出，音乐是健美操运动之魂。[①] 运动员在对风格进行选择时，音乐内涵和成套动作的表达内涵要相符，通过音乐和动作的有机结合，达到最完美效果。

二是注重场地运用。在健美操规则中，对健美操场地有明确规定。目前规则中，单人项目场地规定为 7 米 ×7 米，集体项目是 10 米 ×10 米。运动员在

---

① 黎栩：《体育教学中健美操运动的健身价值及发展方向》，《佳木斯职业学院学报》2018年第 9 期。

比赛中对场地的有效使用，最多能获 2.0 分。对空间运用规则分析可知，规则对场地和空间的使用要求不断提高。运动员在比赛中，需要充分利用场地和空间来完成动作。在比赛中，运动员展示成套动作，需要把活动位置均衡分布在场地中，不能局限于某一处。运动员的行进路线要包括向前路线、向后路线、横向路线、对角线和弧线等。同时，要求运动员对其运动的距离进行设计，保证轨迹不重复。对于健美操集体项目而言，运动员需要在展示中向各方向进行不同距离的移动，展示出不同的队形和位置感。总之，在健美操运动中，运动员对位置和路线需要精心设计，然后在场地空间中全面展示。因此，运动员和教练员在编排健美操时，一定要考虑到场地的充分应用。

三是注重表现力。健美操运动员在比赛中，需要通过自信心和感染力来吸引裁判员的注意。在国际规则中，表现力分值也在不断提高，最高分值是 2.0 分。"合拍"被划分到了完成范围。在当前比赛中，进行合拍分评判时，已从艺术裁判加分转变成减分，这说明健美操运动对运动员表现力提出了更高的要求。在健美操运动中，体现表现力主要是通过流畅的动作和面部表情。因此，在训练中，需要加强对表现力的重视，通过合适的训练，提高比赛表现力，以取得更优异的成绩。

四是动作完成。在健美操规则中对运动员的动作数量有具体的要求。健美操运动员在比赛时，难度动作的数量方面受到一定限制。在现今规则中，成套健美操中的难度动作不能多于 10 个。对难度动作进行限制的主要目的是改变整套动作设计的重点，不能单纯依靠追求难度动作数量来取得成绩，而是需要把重点放在质量上。现今的规则在难度动作完成质量方面规定了标准和评分方式，为教练员和运动员在设计成套动作中的难度动作时提供了参照标准。因此，运动员在进行日常训练时，需要以高质量和高标准地完成难度动作为目标。

第二节　健美操竞技运动的基本特征

一、健美操的本质特征

田麦久教授将健美操归为表现难美性项群。健美操是按照比赛规定和要求来组织训练和比赛，并以取胜或健身为主要目的的竞技运动。成套动作的最

后得分由完成分、难度分和艺术分组成。因此，成套动作的编排风格、难度选择、音乐和动作结合、完成质量等是成绩的决定因素。

（一）高度的艺术性

健美操的艺术性集中表现为"健、力、美"。"健康、力量、优美"是健美操艺术的最高追求。健美操不是把单个动作连接起来，也不是堆砌，而是依据美学原理把人体美、音乐美、动作美结合起来，构成审美意境，达到培养练习者素养和审美趣味，使练习者身心得到熏陶的目标。

（二）精确的力度性

健美操的力度性体现在力量、力度、弹力、活力的综合性上，不管是长时间还是瞬间控制力量都要表现出力度感。和体操的凝固、体育舞蹈的柔美不同，健美操表现的是自然、欢快，加上身体动作的灵巧、身体移动的弹性和多样的难度动作使健美操形成了独特的力度风格。

（三）强烈的节奏性

健美操的节奏性表现为：生理节奏（包括呼吸节奏、心率节奏等）、竞技运动节奏（速度快慢、力度强弱、幅度大小、强度增减等）、时空节奏（包括空间节奏、时间节奏）、色彩节奏（包括服装、灯光色彩）、音乐节奏（快慢、感情强弱等），其中音乐节奏最重要。各种节奏的结合，使健美操比赛相对于其他运动项目比赛更具节奏感。

（四）持续的创新性

健美操的创新性表现在操化动作、难度动作的配合和托举过渡、衔接与组合方面。人的复杂结构、丰富情绪、迥异性格决定了动作的丰富。身体各关节活动次数的变化和过渡连接使音乐和编排与个人气质、风格完美结合。

二、健美操的竞赛技术特征

健美操属表现难美性项目，因此，技术在健美操中起决定性作用，主要表现为时空判断准确、身体姿态控制力强、能熟练掌握各种难度动作和配合。根据健美操特点可发现优秀技术特征：操化动作质量高超、难度动作类型多样、连接动作流畅和配合动作巧妙。

（一）操化动作质量高超

操化动作是指健美操五大类步法和手臂动作相互协调，伴随着音乐在赛场展现出活力、节奏感。操化动作是技术基础，对比赛中运动员的艺术得分起直接作用。其特征主要表现为：在动作的完成过程中，上下肢动作分布体现出明显的均衡性，上下肢动作同步协调，动作组合体现出连贯性、清晰性。

（二）难度动作类型多样

健美操动作难度可分为：动力性力量、静力性力量、跳和跃、平衡和柔韧。规则是标杆，随着规则的演变，成套动作的总难度要求也发生了变化。根据 2009—2012 年版技术评分细则：成套动作需完成动力性力量、静力性力量、跳和跃、平衡和柔韧，且每个组别至少完成 1 个，最多完成 12 个难度动作，两个连续动作的连接达到标准后可得 0.1 加分。对难度的选择是全方位的，运动员可根据自身特点扬长避短。规则要求难度动作不超过 12 个，因此，健美操比赛不仅是难度的较量，还强调艺术性的表达。规则演变使健美操朝着合理化、艺术性、创造性的多维度发展。

（三）连接动作流畅

健美操连接动作是用于难度间、动作间、动作和难度间过渡的动作。规则规定动作可依次或分批完成，但在完成中运动员的停顿不允许超过 1 个 8 拍。过渡和连接使操化动作、难度动作等的衔接更加流畅，使空中、地面的相互变换更加灵活，增加了体操动作的艺术性。

（四）配合动作巧妙

健美操配合动作是用于个人和团体队形变化中的配合的动作。运动员或练习者双人、三人、六人配合常表现为难度动作出现的先后、队形变换、托举的配合等，在难度动作、过渡连接、起跳和落地与高难度操化动作组合的完成中保持身体平衡。设计配合动作时要考虑运动员的特点，扬长避短，使动作优美、流畅、自然。

三、健美操的竞赛特征

健美操融体操、舞蹈、音乐于一体，是追求人体运动能力和动作完成质量、体育和艺术高度结合的运动项目，其特点有以下三点。

（一）艺术创新性

当今社会，人们对美的追求不断提高，只有精心构思才能满足人们对美的向往。创新是健美操的重要特点，成套动作要像一件艺术作品，基于健美操的特点，令人印象深刻、过目不忘。让人印象深刻的成套动作是，所有的成套内容都要与基于健美操运动风格的音乐和主题/风格完整匹配，引人入胜、打动观众。《国际体操联合会 2022—2024 周期竞技健美操评分规则》中创造性占 2 分，明确要求成套动作须有创造性。编排、过渡连接与空间使用和变换流

畅是创新性的体现。因此，创新性是健美操发展的重要部分，也是取得成绩的基础。

（二）技术完美性

《国际体操联合会 2022—2024 周期竞技健美操评分规则》中，虽然将难度动作数量和标准降低了，却对质量提出了更高要求：成套动作出现错误进行累积减分，大大加大了扣分力度。运动员要将动作完美地展现出来，不仅需要良好的身体素质，还需要加强对身体姿态的训练，注意身体语言的积累。因此，完美技术动作是技能和健美形体的体现，也是取得成绩的基础。

（三）难度多样性

在《国际体操联合会 2022—2024 周期竞技健美操评分规则》中难度动作分三组八类，难度动作分值为 0.1 ~ 1.0（注：难度动作任选，但在高水平赛事中分值为 0.1 和 0.2 的动作不计分）。规则规定：成套动作超过 12 个难度动作、超过 2 次成俯撑落地、超过 6 次地面动作、难度动作重复、难度动作缺类等都要减分，但对两个达标难度的衔接有 0.1 加分。因此，难度动作多样性是运动员的素质表现，也是取得优异成绩的核心要素。

第三节 健美操竞技运动的核心价值

一、艺术价值

健美操的艺术性体现在"健、力、美"。健美操的艺术性是指运动员通过动作、姿态和造型等身体语言塑造出的生动、鲜明、具体的形象来体现情感和思想。

根据项群理论，健美操和体操、艺术体操、花样游泳、花样滑冰等项目都属于表现难美性项目。健美操要求运动员具有良好的艺术修养、音乐感知力与良好的艺术表现力，还要求编排具有艺术性、主题音乐具有创造性等。

健美操的艺术价值是对项目的可审美性进行的量化，其核心体现在比赛的新颖性与创造性上。运动员所呈现的成套动作越有审美性，艺术价值越高，运动员的表现力越强，其艺术价值得分也就越高。

二、运动价值

健美操是观赏性和艺术性并存的运动，人们随着音乐进行律动，具有节奏感和韵律感。经常进行健美操运动不但能够增强人的韵律感，还能提高人的审美和创造美的能力。总之，健美操不单是一项有氧运动，还是强调体验的运动，在强身健体的同时，还能给人以心灵享受，促进社会和谐。综合来看，健美操是良好的健身运动，它的价值需要通过日常训练得到体现，长期坚持后，对身体健康和身体姿态的改变作用非常突出。因此，如何利用好健美操的运动价值，对健美操进行推广与普及，是目前亟待解决的问题。

（一）增强体质，促进健康

健美操运动能增强人体的机能，促进身体健康发展。从细节来看，健美操会让人体各肌肉群和关节得到锻炼，使身体素养增强。同时健美操能改善人的呼吸系统的功能，让人锻炼时的呼吸加深，吸氧量得到提升，从而促进新陈代谢。而且，健美操对腰腹部和臀部运动量的要求更为突出，能促进肠胃的蠕动，改善消化功能，从而提升身体对营养的吸收。健美操能让全身肌肉得到锻炼，减少身体脂肪含量，对减肥塑身有积极的促进作用。

（二）锻炼人的意志

健美操运动可以锻炼人的意志，使人有克服困难的勇气。人们对健美操的需要一般是强身健体。但是对于较少进行运动的人来说，进行健美操训练可能会遇到各种问题，如动作不到位、不协调，心肺功能不能达到运动要求，心理恐惧，等等。但只要坚持，练习者就会发现，其持续锻炼的能力会增强。通过运动，能改变形体，克服内心恐惧，磨炼意志，对生活和工作有良好的促进作用。

（三）调节心理活动，陶冶美好情操

不同人的心理调整需求也不同，如何找到能够使全民参与，愉悦身心的运动项目显得尤为重要。与各种运动相比，健美操具有优势：它对场地没有限制，对年龄也没有限制。人们可以只跳健美操的一段，在运动过程中随音乐起舞，可以使心情愉悦。坚持健美操运动，可让心肌机能增强，增加心肺功能和血管弹性。在整个锻炼过程中，提高了参与者的心肺功能，最终让人变得身心愉悦，充满活力。

（四）提高注意力集中能力

人的注意力不会一直集中，在失去集中能力后会面临失误的可能。运动员往往通过各种方法来集中注意力。一般来说，人们对新奇事物的兴趣较高。健美操的练习，让人们跟着不同节奏去练习如何集中注意力，同时，健美操运动

能增强参与者的反应能力。在良好的氛围中，人们不自觉地将注意力集中，还能快速切换动作。因此，参与者可以通过健美操训练自己的注意力集中能力和神经切换能力。由于健美操对小关节的灵活程度的要求相对较高，通过练习可帮助人们交替变换兴奋点，最终能让练习者的注意力集中能力得到训练。

（五）健美操塑造健美形体

健美操运动的目的之一是塑造形体。通过健美操练习可改变人体的匀称度。每个人形体都不尽相同，通过后天的合理调整，可以改变形体。健美操集合了多种运动的益处，是在众多人体学科指导下形成的充满活力与激情的运动，对形体塑造有良好的效果，因此它受到了广大锻炼人群的重视。

三、娱乐价值

健美操运动动作优美，在锻炼身体的同时能缓解精神压力，所以深受群众喜爱。运动者在练习时会排除杂念，享受运动乐趣，从而释放压力。不仅如此，健美操还是有效的社交手段，能加强人际交往并消除陌生感。当前，健美操运动者锻炼的经常性场所是健身房。这些爱好者来自不同职业、阶层，无形中扩大了运动者的人际圈，丰富了运动者的精神文化生活，提高了运动者的审美趣味。

第四节　健美操竞技运动价值的实现路径

一、提高创编者的美学素养

健美操是融入体操、舞蹈、音乐、美学等元素为综合体的充满运动活力与运动激情的动感项目。从对运动项目的加分和减分的原则来看，体操、舞蹈、音乐元素内容的呈现为主要得分点。在美学和很多其他加分要素方面需要教练员去整体把握和提高。

运动员的比赛服装设计，无论是色彩的和谐度还是服装设计的整体安排都需要教练员有独特审美能力，根据其整体的思想意境、音乐底蕴、独特的美学表达等来选配，以便体现独特的设计风格。

此外，在健美操配合同伴的动作元素设计中，可加入优秀美术成果中的合理要素。从美术作品中寻求灵感，创造出活化的"人体雕塑"。

二、提高健美操运动员的音乐素养

音乐素养分三个层次：对音乐的整体感知、对音乐深层次意境的理解和对音乐表达意境的多维想象。初级阶段是音乐感知，是对音乐韵律、整体节奏、音量大小、音色美感、速度快慢等的感知觉能力。而中级阶段有所不同，它主要是指音乐理解，即对音乐的整体结构、音乐的整体形象和个性化风格的掌控。最高阶段需要更高的修养和更多的心理活动，涵盖了整个音乐想象，即技术层面的细节化掌握，对音乐的宏观把握，通过想象来展现和表达内涵。

提高运动员音乐素养的途径有听音、学音、表现力的变换性练习。

1. 听音

坚持多听是基本的方略。营造经常听音乐和学习音乐的良好氛围，为运动员营造积极、正能量的音乐学习环境。在生活学习场所各处融入音乐的元素，在耳濡目染中提高运动员的听音能力和素养。提供精良的音乐设备，挑选优美且能融入健美操的各种动感音乐，提高运动员的音乐感知能力和对美好音乐的敏感度。

2. 学音

请专业人士教授音乐知识和音乐欣赏知识，开展欣赏课程，提高运动员的音乐专业知识，这有利于运动员在健美操比赛中准确把握音乐。经常开展音乐讲座，使运动员能够准确把握音乐结构和音乐表达的形象。

3. 表现力

运动员学习音乐后，用优美的动作来表达健美操创新作品的深厚情感和作品灵魂。因此，运动员要将自己对音乐的理解体现于动作中，并和音乐融为一体。

三、提升健美操人创新精神

创新精神是健美操精神体系中的动力元素，引导着健美操人创造可持续发展的技术，是健美操项目可持续推进的不竭动力。

创新精神是指具有综合运用已有的知识和方法，提出新观点的能力和进行创造、改革的意志与智慧。创新精神是敢于摒弃旧思想、创建新思想的精神。创新精神涵盖创新意识、创新情意、创新思维、创新品德等。[①]

创新意识是指人对创新的理性意识，反映了人对创新的认知水平和自觉水

---

① 秦虹、张武升：《创新精神的本质特点与结构构成》，《教育科学》2006年第2期。

平。在所有创新素质中，创新意识最重要。创新情意是指创新的情感意志。它表明创造的主体不仅想创新，而且乐于创新。创新意志表明一个人不仅想创新，而且敢于创新，在一次次失败以后毫不气馁。在健美操运动技术高速发展的今天，创造美好作品的难度系数在逐年增大，只有具备较强的情趣和意志，创新活动才能进行得顺畅。创新思维是指具有创新特质的思维。培养创新思维的主要方向是培养思维的流畅性、独创性、变通性和精密性，并能打破常规，采用逆向和发散思维解决难点问题。创新个性是指具有创新特质的个性，即好奇心、想象力。创新个性会使运动员勇于创新，使运动员在创新中磨炼自己，创编风格独特的优秀作品。创新品德是创新活动必备的道德品质，在健美操运动中集中表现为勤奋敬业、团结合作等。从事健美操运动项目是艰苦的工作，要求运动员勤奋、刻苦。创新美感是指引发创新活动的美感，涵盖美的敏感性、鉴赏性。在创新精神结构中，我们应重视对运动员创新美感的培养。鉴赏美是在鉴别中欣赏美，把对美的感受转化成美的表达和呈现，这样才能创造出满足人们对美好生活向往的精神文化产品。

四、构建我国健美操的技术风格和项目特色

技术风格是构成技术体系的精神层面的技术系统元素，反映着健美操独特的技术特征。技术风格是指某运动员或运动队的专门的技术系统，是有别于其他参赛者或团体的系统的、成熟的特别要素。健美操的技术风格主要体现为动作风格和音乐风格以及二者相融合的整体特征，音乐风格必须和在比赛中表演的运动员采用的动作协调一致并相互配合。例如，使用某一风格类音乐，就应当表现出与该音乐风格相适应的技术动作。在国际大型比赛中，民族化、独特性、本土化风格更加受到观众和裁判的青睐。只有走具有独特品位的健美操发展之路，才能形成基本的技术风格与特色。在第9届世界健美操锦标赛的比赛，周校峰表演的具有中国特色的成套技术动作，形成了具有特色的优秀作品，达到了动作和音乐的融合，征服了所有的裁判员，获得男单冠军。

技术风格的形成是需要底蕴和文化传承的。科学选材是基本的构成要件，运动员选材时，不仅需要注重身体形态，还需要从多方面进行考虑。因此，根据具体情况进行训练和设计是运动员技术风格的保障，在训练中应采用不同的训练内容、手段，依据队员特点设计训练，从而建立"个人技术的独特系统"，在兼顾基础和特长的基础上，可使运动员的技术风格在长期的训练中固定下来。创新思维是风格形成的思维层面的积极要素，优秀的教练员、运动员

善于以全新的思维、超前的眼光预测风格，并根据个性特征、技术系统进行资源整合和系统构建，形成前卫的技术系统和风格，从而引领健美操运动的发展方向。

五、健美操的创新

创新是健美操运动不断成长和发展的生命。健美操创新体现在基本构成要件的选择、过渡—连接的合理处理、操化动作、队形变化和音乐与服装展示的合理安排等。

（一）健美操动作创新

1. 动作创新

动作创新是创新主体通过结合健美操的理论和实践内容，以技术构成元素的合理化构建为目标，在原有技术基础上改进基本的元素及其连接方式，并创造引进新事物的系列创新性思维和实践的过程。通过改变技术而创新，自身的本质内容可改变的程度相对较小。健美操动作创新含操化动作、难度动作、过渡—连接、托举和配合动作的元素的创新以及资源整合的连接创新，且它们之间相互联系、过渡并形成整体的表达形式，操化动作后可接难度动作、过渡—连接、托举和配合，但要表现出和谐的组合结构，其他动作亦然。

2. 操化动作创新

操化动作是指以基本步伐和手臂动作的结合形式为基本的构成要件，伴随音乐表现出的动感的、有节奏的连串动作组合和创新性技术结构。高水平操化动作的创新主要体现在通过对 7 种基本步伐、手臂组合和无重复动作组合进行构建和表达。

连串的操化动作是健美操的重要内容。操化动作是成套动作构成要件的基础要件元素，操化动作创新是指设计出各种新颖动作以良好的面貌来赢得观众的认同和喝彩，这也是规则中的加分要点和倡导的改革发展方向。操化动作创新的优劣将会影响整体动作的观感和审美趣味的高低。规则有如下的表达：进行操化动作创编需在步伐和手臂动作进行良好组合的基础之上，通过身体部位（头、肩等）的良好表达，运用不同关节、动作空间、动作幅度、肢体长度来构建各种动感和充满激情的动作元素；运用非对称动作和音乐节奏来营造良好的动作氛围；运用上肢基本动作变化、移动速度、动作频率、动作方位、操化路线和步伐角度、速度、高度、节奏的改变来进行多维创新。

（二）健美操难度动作创新

难度动作创新是指将难度动作分类，对各类动作的技术原理与技术特征进行综合思维以后，再根据不同种类的难度动作的规律、力学原理，构思独特的难度创新性动作结构，以此创造出更加具有观赏性和吸引力的难度动作和动作组合结构。

难度动作创新不仅是获得比赛优胜的关键性内容和成套动作的精华，还是技术结构中核心。

（1）难度动作的创新是符合健美操运动制胜规律和本质特征的行为内容，"难、新、美"是表达健美操核心构建的基础要件要素和最重要的竞争内容，创新是难度动作发展壮大的不竭动力，是推动健美操运动不断前进和完善的必经之路。

（2）难度动作创新是难度动作分值改变趋向的要求，国际体操联合会已经降低了许多原难度动作分值，导致小于0.8分的难度动作比率减少，但0.9以上的难度动作占比增加。所以迫切需要创新出新难度动作。

（3）难度动作创新是难度动作总数变更的需要，在新规则中难度动作数量下降，国际体操联合会将原难度较低、无价值的难度动作进行了新一轮调整与优化，这说明国际体操联合会需要通过创新来推动体操项目的进一步发展。

（4）难度动作的不断创新，是获得比赛优胜、赢得观众认同的最重要的方式，难度动作创新程度越大，所获得的分值越高。A、B、C、D类别的难度动作有很多种选择，运动员可以根据自身的特长技术和喜好进行选择和创编。但根据经验可以得知，常规的技术动作种类有限，获得优胜的运动员，往往是采用极具创新的动作或者具备创新性的动作组合让观众和裁判员眼前一亮，快速获得裁判员的认可。由此可见，创新是表现难美性项目的制胜要素。

健美操难度动作进行创新的方式有以下几种。

（1）单个难度动作的创新。某个难度动作要形成成熟的动作结构，往往要经历多个阶段。综合来看，成熟的动作结构往往需要经历萌芽期、移植期、移植创新、创新到多元创新发展5个阶段。刚开始的难度动作总数相对不多，随着运动员和团体的创新动作不断增加，难度动作库中的动作总数开始逐年增加。经过多年的发展，A组动力性力量、B组静力性力量、C组跳和跃与D组平衡和柔韧这四大类共336个难度动作共同构成了难度动作库。难度动作库的发展有其自身的规律，其动作的发展往往是由简单动作发展为复杂动作，由单元的动作结构发展为复杂和多元动作结构。例如，转体180°屈体跳，改变动作顺序后就成为屈体跳转体 180°。难度递进增加是指在不改变原动作技术原理的基础上，将其内容加难来达到创新的目的。通常有两种方式：①改变身体形态由团身、屈体到直体加难。②增加在转动过程中的速度、旋转度数或者减少在做正式动作之前的准备动作。例如，在旋转过程中，运动员的旋转度数可由 180° 变为 360°，由 360° 变成 720°，一个依柳辛再来一周加难为双依柳辛。在改变动作结构和增加旋转度数以后，整个动作结构和难度系数都增加了。虽然危险程度和挑战性有所增加，但是在比赛过程中的评分和动作的分值都得到了增加，运动员在比赛中获胜的可能性大大增加。这也是健美操难度动作创新的主要方式之一。又如，D 组中的高踢腿→两次连续高踢腿→四次连续高踢腿动作，A 组中的托马斯（A275，0.5）→双向托马斯（A280，1.0）组合，则是通过增加完成动作的次数来改变动作结构。

（2）两种类别的组合动作创新是指两个难度动作在没有轻微停顿和过渡的前提下进行直接对接，两个难度动作可以是同组也可以是不同组，但它的一个基本前提是必须类别不同。这在比赛过程中，被认为是完成了两组不同难度的动作，如果这两个难度动作都达到了该动作的基本动作规格和标准，那么这个动作组合将获得规则所规定的 0.1 的加分。

（三）健美操造型创新

造型是指经过适当的设计，健美操动作完成主体通过一定的时空环境和人员组合构成有美感的动作形象，使人们通过视觉来欣赏动作美的过程。

造型在健美操的整个动作编排和组合过程中扮演着重要的角色。一个优美的动作造型可以在动作组合的开头或者结尾。具有创新性的造型，往往能够使观众和裁判员眼前一亮，给他们留下深刻的印象。好的造型往往包含了良好的内涵和优美的意境。

（四）健美操空间创新

空间是成套动作的外在表现，主要包括垂直和平面空间。垂直空间主要体现为空间层次令人眼花缭乱的变化，平面空间主要体现为队形、方向的运用。在完成成套动作时必须合理利用规则，在规则允许的前提下，合理利用所有空间和场地进行动作的编排与创新。

（五）健美操音乐创新

音乐是健美操运动的灵魂要素。健美操充满活力和激情四射的动作和动作组合，都是建立在动感音乐的基础之上的。优秀的编排人员往往能够把动感的音乐和健美操的肢体动作融合到一起，使音乐的韵律和内容与运动员的肢体动作浑然一体。因此，动作的主创人员需要对音乐有较高的认知，还需要对健美操动作所表达的肢体语言和情感要素有深刻的感知。只有做到这两点，才能够在音乐的运用和动作的编排中，做到信手拈来、驾轻就熟。

（六）健美操服装创新

健美操服装的创新，体现了主创人员的审美趣味和设计功底。健美操服装的创新需要考虑非常多的要素。首先，需要做到的是健美操服装的选用必须符合规则，对于规则中禁止的系列服装和配饰，在比赛中应该杜绝采用。其次，服装的采用应该与健美操动作的主题相呼应，两者之间不能形成两张皮，导致服装与动作主题产生割裂。再次，健美操服装必须与选手的肤色相协调，在选用服装之前，应该先了解清楚运动员的整体肤色，根据具体情况选用相应风格的服饰。最后，健美操服装不要采用复杂的几何图形和图案，选用与健美操动作主题密切相关的简明线条或简单的几何图形即可。

第四章　艺术体操竞技运动的价值

第一节　艺术体操竞技运动的发展历程

艺术体操是新型女子竞技运动，也是奥运会和亚运会的正式比赛项目。在日本，它的名字为新体操，在中国香港和台湾，人们通常把它叫作韵律体操。艺术体操是技术性非常强的竞赛项目。实际上，艺术体操并不是由单独的人创造出来的，而是由法国的生理学家和瑞士的音乐教师等人，主张以女子优美的身体形态为基础要件要素，在优美的音乐伴奏之下，做出各种有节奏感和艺术创造性的优美动作的竞技活动。①

在当时，从事医学和体育研究的爱沙尼亚人艾德勒和他的学生库普在长期致力于创造美学和谐研究之余，将动力性的肢体动作和流线型的放松动作，交替排列和编排，形成了有独特审美趣味的体操雏形。艺术体操由此发端，经过长期的磨合和实践，逐渐成为人们喜闻乐见的艺术方式，并在20世纪50年代正式定名为艺术体操。艺术体操的项目涵盖非常广泛，包含绳操、球操、圈操、带操、棒操、蹦床等。艺术体操吸收了现代舞和芭蕾舞等艺术形式的精华要素，不但能够培养习练者的节奏感和灵巧性，而且能够在生理和心理层面提升练习者的综合素养。在此基础上，艺术体操受到了现代女性的热烈欢迎。

韵律体操一开始只有女子项目，但之后在日本、美国、加拿大等国家开始出现男子性项目，称为男子艺术体操。首届世界男子艺术体操锦标赛在2003年举行。男子艺术体操的项目特点与女子项目有很大差异，但其身体的柔韧性

---

① 李放：《舞龙运动与艺术体操发展的对比研究》，《当代体育科技》2021年第11卷第2期。

展示并不逊色于任何形式的女子艺术体操运动形式。[1]

体操作为最基本的词汇在 19 世纪的时候开始传入我国。中国有很多与体操类似的活动，如我们经常可以看到的医疗康复体操形式——八段锦和五禽戏，在民间还传承着很多具有悠久历史文化底蕴的与之相类似的体操锻炼形式。体操项目以奥运会比赛的记载为标志性要素。在 1896 年的首届奥林匹克运动会中，比赛的组委会设立了鞍马、吊环、跳马、双杠等基础项目，但是并没有自由体操。在 1932 年的洛杉矶奥运会中，组委会增设了自由体操，体操的运动形式开始更加多样化和规模化。在 1936 年的第 11 届奥运会中，男子基本体操比赛项目开始固定下来。1984 年第 20 届洛杉矶奥运会，艺术体操开始被列为正式比赛项目。在 2000 年的悉尼奥运会中，蹦床被列为正式比赛项目。

艺术体操是一项逐步推广的竞技运动项目，它于 20 世纪 80 年代开始，在体育院校广泛开展。随着竞技运动的广泛开展，这项运动在中国的影响力越来越大，受到了越来越多的爱好者的追捧。[2]

艺术体操运动对人的价值是多方面的，它有利于锻炼参与者的柔韧性和协调能力，也是提高人的审美趣味和审美能力的重要的身体锻炼形式。19 世纪末 20 世纪初，瑞士的达尔克罗兹创作了有节奏动作、训练听音动作和即兴动作，这是使人的身体动起来的基本艺术形式。德国现代舞创始人之一的 L. 冯拉班在现代舞的基础上创立了"学校教育舞"，标志着艺术体操开始进入新的发展轨道。

20 世纪 20 年代，艺术体操发展为竞技运动。1928 年至 1956 年的 6 届奥运会期间，组委会规定每个国家的艺术体操女子队必须参加 6 ～ 8 人的轻器械集体比赛，这为后来的一系列比赛奠定了基调。1962 年，国际体操联合会确定艺术体操为女子比赛项目。首届具有历史开拓性意义的世界艺术体操锦标赛于 1963 年在匈牙利布达佩斯举行。

中国艺术体操自 1981 年首次参加世界性赛事，历经 40 多年的跌宕起伏。中国艺术体操的发展得益于多方面的发力，如科学和完整的培训体系、教练员高超的技术水平、成套动作的创新、后备力量的储备，这些要素构建了艺术体操的发展方向。

① 孙萍、黄俊亚：《"健康中国"战略下我国大众艺术体操推广策略研究》，《北京体育大学学报》2019 年第 42 卷第 7 期。
② 虞林：《艺术体操器械练习对多元智能发展探析》，硕士学位论文，成都体育学院，2019。

第二节　艺术体操竞技运动的基本特征

一、艺术体操项目自身特征

（一）艺术体操由欧洲传入我国

艺术体操起源于 18 世纪末和 19 世纪初的欧洲。20 世纪 60 年代开始，艺术体操开始在国际范围内广泛传播。1963 年，首届世界艺术体操锦标赛举行。20 世纪 50 年代，艺术体操经苏联传到我国。20 世纪 70 年代开始，中国开始调动相关资源，推动艺术体操的发展。

（二）女子独有的竞技运动项目

艺术体操是奥运会赛场上具有独特魅力的女子竞赛项目，是非常典型的体现高难度动作的项目，在表现难度的同时，还需要表现出动作的柔美和优雅。[①]艺术体操的动作特点是简洁明快和节奏鲜明，该项目的动作设计和编排根据女性的身心特征，充分发挥各类器械的优势，展现和彰显女性的阳光和优雅。因此，艺术体操深受女性的欢迎和喜爱。

（三）音乐是艺术体操的灵魂

艺术体操能否引起人们心灵深处的情感共鸣，是艺术体操成功与否的关键因素。没有音乐的体操运动是没有灵魂的体操运动，因此，艺术体操对音乐的选择要求很高。一首优美的音乐，融入优美的动作，不仅能够使运动员体验到美的存在，而且有利于构建良好的意境，充分表达出动作的情感要素，塑造出良好的正能量形象。因此，动作的编排人员需要有良好的音乐素养，在音乐的选择上，要突出主题要素，还需要在音乐的节奏和内容的匹配度方面做出最大的努力。

（四）人和器械融为一体

艺术体操不同于其他技巧性、表现难美性竞技运动项目，不仅是因为它极佳的观赏价值，还因为它本身集合了音乐、舞蹈等多元化艺术元素，更是因为艺术体操中身体动作和器械动作的多维、多样性以及身体技术与器械技术的完

---

① 华彧鹤：《艺术体操中应用中国古典舞的呼吸与动作关联及情感联想的实验研究》，《首都体育学院学报》2020 年第 2 期。

美统一。艺术体操运动员所展示的艺术美是以自然、优美和富有感染力的身体动作为中心，巧妙地运用各种各样的轻器械，呈现出人与器械和谐交融的身体艺术。

（五）美是艺术体操的生命力

艺术体操是一项以表现"美"为中心的表现难度和美感的综合竞技运动。它融合了富有节奏感和动感音乐的节奏艺术、舞蹈的优美形体艺术和极具表现力的美术造型艺术，并将这些高超艺术与优美的身体动作和器械技术相结合，形成各种带有动感和朝气的舞蹈和流动的应用场景。艺术体操的美要求具有美感和完美比例的形体美、包含良好寓意的动作姿势美、具有抒情的音乐美与富有文化元素的服装美。要求运动员气质优雅、身材修长、外形美观，动作衔接达到熟练、自然、流畅、完美、舒展、大方。美妙的动感音乐和具有多元文化要素的服装也充分展示了艺术体操项目的美。美是艺术体操的生命力。

二、艺术体操项目的竞赛特征

艺术体操是表现难美性的项目，通过举办比赛可以促进艺术体操的多元化、多层次健康发展，为教练员和运动员搭建相互沟通的良好平台，使他们能够互相学习，在交流的过程中发现彼此的差异，提高自身的素养。此外，竞赛也为年轻运动员提供了展示艺术体操的良好机会，有利于发现并训练具有良好天赋的运动员，不断扩充和加强艺术体操的运动员和教练员队伍。

三、艺术体操项目发展规律特征

（一）艺术体操评分规则促进艺术体操项目发展

规则是表现难美性比赛项目的开发指南。艺术体操规则的演变是其发展和竞赛水平提高的保证，制约着其艺术价值和技术价值的发展，决定着世界艺术体操发展的整体趋势和导向。因此，掌握规则的发展规律和演变的具体方向，把握艺术体操的技术脉络，洞察其发展趋势，可以更好地制订计划，提高项目的技术水平和国际竞争力，为我国艺术体操注入发展动力和创造发展的基础条件。

（二）相关项目促进艺术体操竞技运动发展

艺术体操是高难度运动，高难度表现难美性项目包括跳水、体操、艺术体操、花样滑冰、花样游泳和技巧、武术等项目。其中体操、艺术体操、花样滑冰、花样游泳都有其内在的本质要素，如高难度动作、创新技术动作、艺术表现力等元素。在某种程度上，它们在相关特征上趋向于相同的结构要素。因此，艺术体操的发展不仅是其自身特色的有效性创造，而且往往通过借鉴其他体育或艺术项目来丰富其自身的审美趣味和品味，这是艺术体操创新过程中的基本思维方式。比如，啦啦队、花样游泳中的提举动作、花样滑冰中的多周旋转动作、武术中采用频率较高的加强旋转，这些旋转动作元素在艺术体操的编排中都可以看到。除了上述运动项目动作外，还有许多其他运动项目动作值得借鉴，如健美操、体育舞蹈等，我们可以在这些运动项目动作中寻找优质的动作因子并加以借鉴。

四、艺术体操项目的能力特征

艺术体操的综合竞技水平取决于运动员的身体基础素质、运动技术、临场战术、心理和竞技运动智力。身体素质是运动员基本素质的储备。艺术体操体能可分为专项体能和一般体能。运动员要充分发展身体素质（包括力量、速度、耐力、柔韧性、敏捷性和协调性等各项素质），掌握竞技运动技术和娴熟的技巧，发展专项技术。技巧难度包括动作安排的难度和编排的新颖性带来的难度以及姿势的时尚美感和使用潮流元素的准确性。技能运用的娴熟在竞争中起至关重要的作用，这是竞争获胜的基本保证。动作编排要求成套动作整体的风格与音乐搭配合理，动作的结构要求具有创新性，而编排的质量决定了整套动作的审美趣味和动作效果。优秀艺术体操运动员的心理特点为越挫越勇、赛前状态表现稳定、比赛的自信心相对较强、心理调节的能力较强、善于在比赛现场超常发挥。艺术体操的智力因素表现为对项目的制胜因素理解得非常透彻，善于理解教练员的训练意图并将其贯穿于整个训练全程，能够体验复杂技术，能够高质量地完成训练计划中布置的训练量和训练强度。

五、艺术体操项目的美学特征

艺术体操的专项审美特征非常明显，包括形态、姿势、创新难度、编排等综合性艺术表现。艺术体操是以表演的感染力和表现力为努力方向的竞技运动，身体形态的优美性是艺术体操运动员的基本条件和首要要求。身材好的运动员体态优雅、具有美感和吸引力，易达到编排预想的运动效果；态度是艺术体操精神层面的素质要求；创新难度是艺术体操的生命力和灵魂。艺术体操发展的重要特征是动作结构越来越符合时代的发展要求和审美品位。编舞之美，如衔接美，是将各种类型的基础动作和难度动作进行有机结合，突出运动员个

人的技术特点与整体风格，能够使人感受美的整体表现力和感染力。美学特征是艺术体操等高难度运动区别于其他体育项目的内在本质性属性要素。艺术表现之美，是指成套技术动作的准确娴熟，运动形式的优雅和新颖。舞蹈和技术动作与柔美的音乐的交融，往往能给观众带来极具美感的盛宴。

第三节　艺术体操竞技运动的核心价值

一、塑造健美体形

人与生俱来的体形特征受制于先天遗传。遗传基因决定的体形差异是客观存在的，是不以人们的意志为转移的。但是，人的身体形态和气质可以通过后天的努力得到一定的改变。随着人类对健美体形的追求越来越强烈，很多人希望通过后天的锻炼来塑造形态和气质，通过艺术体操运动可以实现塑造良好的体形和艺术气质的愿望。

19世纪法国生理学家 C. 德姆尼论证了在艺术体操中，合理运用动态的身体练习、肌肉收缩和放松练习、舞步练习、握器械练习等可以塑造人的形体美和特有的艺术特质。经过体育人长期的理论研究与实践，以健美操和舞蹈为代表的许多内容和方法已开始被运用于塑造人的形态美感，目前很多中学和高校都非常注重通过艺术体操等表现难美性项目来发展学生对美的感知与追求。艺术体操经过长时间发展，其对锻炼者形态的提升价值得到彰显。

二、形成优美体姿

身体姿势是指人体应对外界环境变化所做出的姿势，包括坐、躺、站、跪等。此外，它普遍存在于人体的习惯性动作中。优美体态是良好素质的表现，需要艺术体操练习者具有良好的身体知识和长期的自律意识。以形式美为基础的艺术体操训练包含丰富的身体形态训练内容、方法。

艺术体操站在科学、系统、完整的身体形态训练体系的高度，要求将精湛的身体形态训练和对形体、姿势、动作、情感美达到苛刻要求的常规化训练渗透到成套动作训练的细节中。例如，在徒手练习、地面练习中，纠正姿势，灌输优美身体姿势观念；在柔韧、跳跃、转弯、平衡、灵敏训练中，要求更高、更关键、更精致；在艺术表现力训练阶段的节奏、姿态、风格、步伐和情感表达训练中，注重内涵表达的巩固、提炼，以达到近乎完美的姿态。通过以上艺术体操训练，形成人们对美的认知和对锻炼基本素养的追求。因此，艺术体操在形成锻炼者优美体态方面有重要价值。

三、培养高雅气质

气质是基于生理和心理的由内而外的精神面貌的表达与传递，是后天教育和培养的综合性结果。各种各样的气质类型表达着不同的人格类型和综合魅力，优雅的气质是人格类型和魅力在艺术体操中的整体体现，这需要长期熏陶与塑造。

艺术体操以严格甚至苛刻的标准去培养优雅气质，这个标准始终贯穿训练始终。比如，芭蕾的基础训练，从体能训练开始贯穿全程，都特别注重优雅气质的培养，从脚尖、脚背、臀部、肩膀、躯干、手臂等方面提炼和强化素质训练。又如，古典芭蕾，以五足、伸展、直立为主要要求的规则与法国古典主义的美学有关，古典芭蕾中完美形体表现和精湛技巧与宫廷礼仪有关。在体验和学习古典芭蕾动作时，练习者潜移默化地培养了典雅气质。

艺术体操在表现训练阶段会接触到不同种类、特点、风格的技术动作和配合音乐，包括古典、现代、流行风格等，人们也刻意提炼和理解其文化和精神内涵，并以美为基础，促进优雅气质的形成，其包括健康、开朗、上进等积极的正能量要素。

艺术体操表现美、体现美、追求美的精神层面的要素是该运动项目最本质、最永久的基石。因为美的表达，自然要求远离庸俗；因为体现美，自然对美的要求更广，如艺术、古典、现代美等；因为对美的追求，自然要求创造更完美，如高贵品质和优雅气质。在艺术体操训练中，美的追求无处不在，时时刻刻体现着艺术体操的魅力。

第四节　艺术体操竞技运动价值的实现路径

一、难度和艺术美完美融合的发展理念

难度与艺术美的结合始终是艺术体操发展的核心理念。围绕这一核心，在不断提高对动作元素、器械元素、舞蹈元素的借鉴、理解和实践的基础上，创

作出了许多具有多元鉴赏要素的作品。身体动作、器械动作、优美表达方式和编排理念的创造性发展，不仅使艺术体操的动作形式更加多元和丰富、器械动作和艺术表现风格更加明显，而且推动了艺术体操运动项目的快速发展，在时代不断变化的大背景之下，引领艺术体操探索、突破和推广。

然而，在艺术体操的发展过程中，其竞技属性和身体美的形式使得创新性身体动作、器械动作和身体美的表现更加重要。因此，"难、新、奇、巧、独、美"成为艺术体操的追求方向。好的技术组合需要体现身体灵活性、力量性、优美感。体育属性是艺术体操发展的基础。在体育与艺术融合背景下，艺术体操开始探索外在美与艺术属性内涵的融合发展路径。

1997 年，在艺术体操竞技运动比赛国际规则中，首次制定了成套动作艺术价值的判定规则。2009 年以后，直至在 2013 年的艺术体操竞技运动比赛国际规则变化中，超高难度、超惊险动作的加分逐渐减少。在艺术价值评分提高的同时，要求成套动作编排有中心思想的表达与阐释。这意味着现代艺术体操的发展观有了质的飞跃，即将难度与艺术结合的发展观升华为内在美的良好表达，具有更高层次的美学、哲学价值。

二、把握规则导向，遵循制胜规律

规则是竞赛准则，它规定了基本的游戏规则，约束了运动员的行为，是运动项目产生和发展的依据。国际竞赛规则不仅是裁判员判断的重要依据，也是教练员编排的指挥棒。艺术体操作为典型的得分项目，竞赛规则影响着该类运动项目的发展方向。因此，我们认真研究竞赛规则，找出发展趋势，大致推测未来发展，从而为训练提供依据，促进艺术体操的健康发展。

三、重视人才培养，加强人员队伍建设

（一）培养教练员的文化素质和业务能力

竞赛规则意味着运动项目发展趋势，只有准确理解和洞察趋势并抓住契机，才能提高水平。教练员作为决策人，其决策是否正确直接影响着竞技运动成绩。因此，强化教练员队伍很必要。因此要采取如下措施提高教练员的文化素质和业务能力：①加强理论知识、审美、心理与创新等方面能力的培养，提高科研意识和文化素养；②加强国际交流，邀请专家开展讲座，了解国际信息，学习国外先进理论和方法；③多参加国内外邀请赛，深入探索艺术体操新动向；④提高教练员思想道德觉悟，激发其爱岗敬业精神。

（二）强化对运动员综合素质的培养

随着社会的发展，艺术体操会遇到新问题。如今社会已迈进高科技时代，运动员如果文化素质不达标便会很难立足。虽然国家队竞技运动的技术水平是一流的，但是如果淡化了运动员对理论的学习，便会影响运动员其他能力的发展。因此，必须加强对运动员综合素质的培养。可以从以下几方面进行：①重视思想教育；②加强文化课学习；③培养自主能力、独立决策能力、解决问题能力和社会适应能力；④发展创新思维、人格魅力。把运动员培养成为有理想、有信念、有素养的社会主义建设者和接班人。

（三）完善后备人才培养体系

对我国艺术体操而言，不但要提高动作规格和更新难度，还要加强后备人才培养。多年来，我国艺术体操没有得到大范围的普及与推广，是因为其管理系统、训练系统、后备人才管理机制都存在不足，需要从以下几个方面改进：①通过媒介手段宣传项目，提高全民对艺术体操的认知水平，扩大该项目的影响力；②突破后备人才束缚，积极寻找发展道路，形成人才链、人才梯队，建立和完善培养体系；③建立和完善人才机制，确保人才选拔的连续性，保证后备人才的素质和年龄的梯队性。

（四）加强我国艺术体操裁判员队伍建设

国家对艺术体操的重视并不只体现在对运动员队伍的重视，也体现在对裁判员队伍的重视。只有裁判员队伍强大，才能有国际话语权。要建设熟练掌握竞赛规则、业务能力强、作风过硬的裁判员队伍，就需要加强裁判员的思想建设、增加裁判员的业务培训学习、多举办和国际裁判员交流的讲座，克服语言障碍。相信经过多维度努力会有更多的国家级裁判员晋升为国际裁判员，增强我国国际话语权。

四、加强科研攻关，提高竞技运动训练效果

当今竞技运动的特征是先进科技向训练的渗透。中国艺术体操经过备战，在科研平台建设方面已取得重大进步，为运动员训练提供了坚实的理论支持。但科研攻关要经过长时间观察和实践才能得到重要信息，进而为训练服务。所以，我们必须组建包括生理学、营养学、心理学、工程学和医学方面的专家学者的攻关小组，深入训练现场解决问题，加强跟踪研究，对运动员机能指标进行动态分析，为教练员的训练计划和方法选择提供依据。

五、完善管理体系，强化队伍制度建设

纵观国际成功经验，要保持艺术体操在国际上的领先地位，必须建立有效的、较全面的训练和管理体系。这套体系应保证运动项目持续发展，为国家队提供优质的服务保障，为在各种赛事中夺取金牌而持续努力。运动队的管理目标是督促训练、规范行为和形成良好的训练习惯。因此，在管理方面，应该严格要求，强化规则意识，逐步完善各种规章制度，切实将训练工作纳入制度化的管理轨道。

第五章　武术竞技运动的价值

　　一直以来，武术的发展都是围绕着"高难度动作"展开的，但武术也具有其基本内涵和发展的时代特征。

　　从中华人民共和国成立到 20 世纪 70 年代末，"武"就是"武术"。即使在现在，也有学者在研究中用"武"代替"武术"。随着"武术散打"的出现，武术从"武术"变成了"武术套路与武术散打"。通过查阅文献，笔者发现，学者们对"武术"概念都有着自身的理解，但几乎所有的"武术"概念都提到了"争取优异成绩"。大多数的学者认同"现代武术是在传统武术基础上的不断拓展"，大部分提及其以"最大限度地发挥和提高个人或集体的竞技水平"为过程，它的上位概念即"竞技运动"和"武术竞技运动"。[1] 各时期武术教材中对"武术"概念的定义包含"技击""格斗""技击动作"等基础要件要素，武术的核心本质要素也可从此推断。[2]

　　"武术"是具有中国传统技术特征，以技击为存在的生命线，以套路、搏击为在社会潮流中的留存形式，以创造运动成绩或强身健体为主要目的的活动形式。[3]"武术套路"是以搏击动作为基本物质载体，以比赛为主要形式的社会活动形式，按攻防、进退、刚柔、虚实等规律进行编排，以创造优秀成绩和健身为主要要求，体现武术的技术规律的竞技对抗形式。[4]

---

[1] 彭鹏：《竞技武术套路运动异化研究》，博士学位论文，上海体育学院，2009，第 20 页。

[2] 代永胜、张琨：《互联网传播与中国传统武术的传承发展》，《武汉体育学院学报》2021 年第 6 期。

[3] 罗应景、杨建营：《李小龙海外传播"功夫"的实践对中华武术走出困境的启示》，《体育与科学》2021 年第 3 期。

[4] 张岩、范菁：《武术进校园发展现状与对策研究》，《文体用品与科技》2021 年第 12 期。

第一节　武术竞技运动的发展历程

一、武术发展历程

以历史上的重大事件作为基本的时间节点，即中华民国成立、中华人民共和国成立、改革开放、北京申奥成功，武术的发展过程可划分为萌芽阶段、迂回发展阶段、快速发展阶段和国际化发展阶段。

（一）萌芽发展期（民国时期）

20世纪20年代后，由于西方体育的传入，武术间或成为体育活动形式。1923年4月，马良、唐豪和许禹生在上海联合举办全国武术竞技运动会，这是中国武术史上首次个人竞技运动会。这次运动会虽没有广泛认同的竞技判罚规则，也没有人参与比赛的裁判工作，但在武术的历史上有里程碑式的意义。1924年，在中华民国第三届全运会上，武术首次以练习形式被列为表演项目，并制定了简单的判分方法与细则。在1935年中华民国第六届全运会的武术表演赛中，将评分标准修改为按姿势、动作、力量维度进行胜负的认定，这是民国时期较完整的判罚细则。然而，由于民国时期的战乱和最高的武术组织——中央国术馆突出了武术的军事实用价值，武术竞赛一直受到不同程度的影响。

（二）迂回发展期（中华人民共和国成立至改革开放前）

1953年11月8日至12日，新中国第一届全国少数民族传统体育运动会在天津召开。武术作为大会要求的表演项目率先进入竞赛。共有145名选手表演了332个项目，表演的拳法中涵盖了少林、罗汉、八极拳等各种门派的优秀技法。在大会的推动下，各地武术组织发展迅速。1956年，《中华人民共和国运动竞赛制度的暂行规定（草案）》被批准通过，武术被列为表演的正式项目。1957年，国家体委将武术列为正式项目，同年6月，27个省区市参加的全国武术表演评比大会如期在北京举行并获得了成功。1958年9月，全国武术竞技运动会在北京举行。会后，中国武术协会在北京成立，大会经过反复酝酿与修正，起草了首部规则，主要包含长拳、南拳和拳击的判罚细则。1959年，中国武术协会起草了中国第一部《武术竞赛规则》，由国家体委批准后公布实施，标志着武术竞赛进入了现代体育的行列。虽然武术的发展经历了一些波折，但是，它生命力顽强并且具有较好的群众基础。现阶段，武术表演大会、全国武术比赛、武术锦标赛、全国竞技运动会武术比赛成为常规性赛事，赛事的发展推动了武术竞技运动的进步。①

（三）突飞猛进期（改革开放至北京申奥成功前）

党的十一届三中全会确定了"解放思想，开动脑筋，实事求是，团结一致向前看"的基本指导思想。中国开始了改革开放，这给武术的发展带来了希望。1979 年，国家体育运动委员会（后简称国家体委）发布了《关于发掘整理武术遗产的通知》，开始系统研究武术推动策略的相关事宜。1982 年，第一届全国武术工作会议在北京召开，会议强调要想尽一切办法推动我国的传统文化向国外传播，从这个时候开始，我国的武术开始走向世界舞台并焕发出光彩。1984 年，国家体委将全国性武术表演赛改为全国武术比赛。1989 年，全国武术比赛改为全国武术锦标赛，武术开始按照既定的发展道路被不断推向前进。1984 年 4 月，国际超级武术邀请赛在武汉举行，这是中国第一次承办的国际单项武术竞赛活动。此后，欧洲武术锦标赛、亚洲武术锦标赛、世界武术锦标赛等赛事并始向世界范围推广。1990 年，国际武术联合会在各方的大力支持和推动下在北京正式成立。1994 年，国际武术联合会被国际单项体育联合会接纳为正式成员。1999 年，国际武术联合会获得国际奥委会的临时承认，这是武术发展史上的重大事件。

（四）奥运化、国际化发展期（北京申奥成功至今）

2001 年 7 月 13 日，北京赢得奥运会主办权，这是中国的国际地位获得世界认可的标志性事件之一。同年 12 月，中国加入世贸组织，这为武术的进一步推广和拓展赢得了绝佳的契机。2002 年 2 月，国际奥委会正式承认国际武术联合会，武术同时成为国际奥委会承认的体育项目。这些都为武术进入奥运会提供了可能性。基于此，很多武术工作者夜不能寐，异常兴奋，为武术进入奥运会做了大量努力：第一，修改了套路的判定和得分规则。2002 年，规则开始向奥运会的基本精神靠拢，使其更加具有可操作性，便于裁判员进行评判。第二，利用各种渠道和媒介对武术运动进行宣传和推广，想方设法提高武术的知名度和影响力。2004 年，国家体育总局领导亲自带队出访亚、非、欧，并派出表演团到雅典进行演出，以加大宣传力度。他们对波兰和意大利的访问对武术推广起到了很好的作用。此外，国家还向国外派遣教练员，并向巴基斯坦、斯里兰卡、柬埔寨等国家进行武术援助，用自身的实际行动来推进武术运动在世

---

① 赵雪佚、祁钰杉、贾玲俐：《中国武术文化创意产业发展现状及路径研究》，《武术研究》2021 年第 4 期。

界范围的交流与传播。第三，抓住机会让国际奥委会成员了解武术。国家体育总局武术管理中心邀请国际奥委会北京奥运会评估和协调委员会主席维尔布鲁根、国际奥委会奥运会执行主任费利出席了 2006 年 10 月在郑州举办的第二届世界传统武术节，并专门为他们组织了表演。

虽然武术没有成为北京奥运会的正式项目，但武术工作者的努力也并非白费：国际奥委会同意在北京奥运会期间举办武术比赛。为了备战北京奥运会，第一支奥运武术队于 2006 年集结，拉开了备战序幕。同时，第九届世界武术锦标赛于 2007 年举行，作为"北京 2008 奥运会武术比赛"资格赛，本次比赛的参赛人数为历史最高。虽然至今武术没有进入奥运会，但武术终究会进入奥运会，走向世界的舞台中心。目前，国际武术联合会在五大洲、四大洋总共拥有 142 个成员协会，武术的影响力由此可见一斑，武术竞赛已形成涵盖了亚运会、东亚运动会、东南亚运动会、南亚运动会、世界群众竞技运动会、亚洲武术锦标赛、欧洲武术锦标赛等在内的常规性比赛体系。

二、难美性发展

一直以来，武术发展始终围绕"难度动作"不断推进和拓展。1959 年第一版《武术竞赛规则》是后来《中国武术比赛规则》的基础，以后所有比赛规则都是在第一版《武术竞赛规则》的基础上完善后诞生的。当年 3 月，中国武术协会主席李梦华向当时众多的体操教练员提出了"难、精、美"的要求[1]，并强调将这个标准应用到武术中去。1960 年，第二版《武术竞赛规则》推出，其章节顺序、套路内容和扣分的具体细则有所变动，但整版与 1959 年版差异性并不十分明显。1973 年，第三版《武术竞赛规则》在多人的努力之下编撰完成，高难度动作作为附加项目出现在规则中，一方面，"高难度出色完成，动作创新"得 0.7 分，翻滚、跳跃、平衡等单列，促进了技术发展，套路朝着"动作快、跑动多、追求难度"迈进；另一方面，由于规则的引导，运动员过分强调翻滚，忽视了基础动作结构的正规性和完整性，不利于武术运动的健康可持续发展。[2]

为了控制难度对武术的艺术趋势的抑制，1979 年版《武术竞赛规则》中去掉了难度评分。该规则突出了武术特征，强调动作的质量、规格，抑制了难度的发展。1984 年版《武术竞赛规则》与 1979 年版《武术竞赛规则》的判定标

---

[1] 刘同业：《武术竞赛裁判操作指南》，人民体育出版社，2007，第 6 页。

[2] 方方：《武术套路竞赛规则的回眸和思考》，《成都体育学院学报》2011 年第 2 期。

准和扣分原则基本相同。1991 年版《武术竞赛规则》继承了 1984 年版的要求，但限制了跳跃动作的数量。1996 年 10 月，全国武术工作会议提出要突出项目特色；严格规则；强化意识；发展创新；体现难、美、新。

为迎合发展要求，1996 年第七版《武术套路竞赛规则》出现"指定动作和创新难度动作这两种基本的动作形式"，实行按照动作评价的不同维度和标准进行打分，评分分成动作质量（6.8 分）、演练（3 分）和创新（0.2 分）。1996 年《武术套路竞赛规则》是规则在基本理念上大的变动和"革命"，把评价方式分成很多维度，并不是凭整体印象进行评分，"难度动作"回归对技术发展起推动作用。

到了 21 世纪，为推进武术进入奥运会，2003 年《武术套路竞赛规则》借鉴了西方的评价方式，提出了分类和量化，细分难度动作和连接难点，其中难度动作分为 A、B、C 三层次，连接难度氛围 a、b、c、d 四个级别。从此，"高、难、美、新"成为武术评价的重要指标，高难度动作成为教学、训练和比赛中最重要的基础要素。为方便读者学习规则，2012 年，武术协会在汲取多个版本规则的基础上，听取各方的意见完善了 2003 年版《武术套路竞赛规则》，推出第九版《武术套路竞赛规则》。将难度动作"类别""内容"和"不符合规定的确认"等内容进行了优化，但本质上的判罚原则与理念没有发生大的改变。2012 年版《传统武术套路竞赛规则》的运用持续到今天，如今全国赛、省市赛中对难度动作的难度元素的判定和评分的细则都以 2012 版为判定的基本依据。

第二节　武术竞技运动的基本特征

一、武术是一种艺术的表现形式

中国武术通过艺术化向世界展示武术美。作为艺术形式的载体，武术生动的技法与表现形式，向人们展示了其意蕴美。同时，在武术表演和练习中，武术可以体现技击"有效性"的想象，使观众对场景有了联想。这种由视觉、听觉等引发的情感体验，不能过多地视为艺术情感的本体体验。美学家李泽厚认为："中国文化是乐感文化，西方文化是罪感文化。"我国美学特征"以乐为中心。"[1]美学大师宗白华则认为音乐、舞蹈和书法是美的基础表现形式。中国美

---

[1] 刘再复：《李泽厚美学概论》，生活·读书·新知三联出版社，2009，第 55 页。

学讲节奏、讲线条。武术也是讲节奏、讲线条的艺术。不论是古代还是现代，中国人的居室、卧具、器皿都喜欢装饰山水、花鸟，使人感到悠远、高雅，引人遐思。最典型的是中国书法，在中国人笔下成了高雅艺术，武术也不例外。①我们追求的是神采在武术中的融入与适合的表现形式。演练武术时可带动情绪，尤其是在练习者闪展腾挪间，更让人身临其境。

按武术的字面意思，我们可将它理解为以技击为元素的身体竞技。作为东方典型文化的代表——武术，它其实也是一种艺术表现，它的内涵不同于一般技击运动。一般武术只关注武术技击的外在，强调技击性和实战。但作为具有艺术特性的武术，其重心转移到审美，并要把精、气、神表现出来，要求练习者在展现身体时，融入神情、气质。武术之所以被当作独具特色的艺术，这和武术意境不可分割。中国武术中蕴含天人合一的哲学、内外兼修的审美。艺术"绝不能和现实状态一样，和自然无差别的，它是不能体现艺术的"。②武术源于生活，但它不是对生活的临摹。在武术技击中往往是"含蓄地显露招数，巧妙地将技击展现，体现'似像非像、意真神似'"的艺术表现和意蕴表达。③

诚然，超越日常的动作不只有武术一种，还有舞蹈、杂技等。中国武术和戏曲、舞蹈间的界限存在模糊性。所以，当我们在关注武术内在现象时，即以"打"作为武术本源，同时以"不打"为其最高境界。中国武术讲求"打"，但是武术又追求"不打"，"打"是武术产生时环境赋能，"不打"是文化提炼。④我们强调武术本质，并非要忽视其作为艺术的综合性。中国武术是对技击行为的再现。武术的原始功能是技击，它使用踢、打、摔等手段，体现攻防和进退动作。

武术作为身体对抗的表现方式之一，其包含的文化理念与动作设计始终以技击为主线。虽然武术各动作取材于技击，但并不是纯粹地对现实生活中的对抗动作加以复制和模仿，它根据我国"华实相辅、虚实相成"等思想而产生，构架了"虚实相生""内外兼修""形神兼备"的多元化技击场景。"艺术作为审美主客体关系的表现，首先表现在对客观生活反映，其次就是凝聚艺术家审美情感。"⑤艺术是特殊的精神产物，不能脱离客观社会存在，其创作需要以必

---

① 田文波：《作为技术存在的武术》，《武术研究》2020 年第 4 期。
② 邱丕相：《武术套路运动的美学特征与艺术性》，《上海体育学院学报》2004 年第 2 期。
③ 王岗：《中国武术技术要求义》，山西科学技术出版社，2009，第 230 页。
④ 吴松、王岗：《中国武术：一种理想化的技击艺术》，《体育文化导刊》2007 年第 2 期。
⑤ 丹纳：《艺术哲学》，傅雷译，津社会科学院出版社，2004，第 65 页。

要的社会客观物质条件和时代背景为蓝本。中国武术也是以社会现实生活为创作的源泉和基础。艺术是创作者的心灵和相关外部事物的结合，是主观客体和客观客体的相互结合，是表现和再现的相互结合的产物。同样，中国武术也是主观和客观的结合、心和物的结合，它是符合艺术特性的，是主观和客观、再现和表现相互结合的产物。

艺术是特殊的意识形态，具有主体性、审美性。武术中的"虚"和"实"等哲学矛盾是辩证体现，形成了艺术之美。

（一）形体之美

形体之美是身体之美，而"身体美产生于协调动作"。[1]武术是身体动作协调统一的综合。众所周知，形体美由身体美和姿态美组成。唯有将美的身体呈现，才能带来艺术美和动作美的升华，形成具有审美趣味和技击性的精神文化产品。评价维度不仅会影响武术风格，还会影响武术的艺术表现。武术对练习者有严格要求，往往在手部的动作细节、脸部的表现神态和走场的固定步伐等方面都有严格要求。

武术习练者的技击练习，对肢体力量和运用时机等有较高的要求，练习者需要有良好的身体形态和动作审美。优美的武术姿态，均通过练习者的身体表达出来，体现了编排人员的匠心独具和审美趣味水准。"在武术发展中，'舞'始终贯穿其中。当今社会，有关武术艺术化越发得到了更多人的认同。"[2]

姿态美、形体美构建了身体之美的基础元素和表达方式。美的身体能带来美的竞技，武术运动员的身体形态是否具有美感，不仅会影响武术风格，亦会影响表现效果。武术竞技对练习者的手、眼和步法有比较详细的规定。例如，在长拳中，要求站如松、立如钟、气贯长虹。在武术比赛中，快如风的搏斗通过武术运动员强健的身体形态、健康的体魄得到充分表达。

造型美有："动态美和静态美以及两者之间通过合理化表达表现的意境之美，它们是身法、手法和步法与精、气、神的融合与提炼。"[3]

各种不同动作间的配合属动态造型，这些造型通过身体各部位的变化和节奏表现出来。武术中的节奏是无声韵律，虚实起伏、惊若游龙，也特别讲究动作精妙，这些都将动态美内涵展现得非常充分。[4]

---

[1] 田文波：《作为技术存在的武术》，《武术研究》2020 年第 4 期。

[2] 李印东、刘永：《武术技术创新与发展的思考》，《北京体育大学学报》2017 年第 12 期。

[3] 吕思泓：《从传统到现代：武术人社会生存论析》，《山东体育科技》2015 年第 6 期。

[4] 朱东、郑圣相：《竞技武术套路运动技术体系的划分》，《上海体育学院学报》2003 年第 1 期。

武术静态美也是运动定势，但它并不是绝对定势，而是相对静态。武术的静态美在肢体上表现为匀称，也讲究动的"劲"和"寸"，要求有动有静，静一定要干脆，动则如猛虎下山，静如巍巍群山，动作随时蓄势待发。这种武术给人舒展大方、气势逼人、威武雄壮的整体形象。

形体美，主要表现为身体外在的直观对称美感或非对称形成的和谐美感。武术中的形，往往是个体在练习武术时通常的姿势。在武术习练中，练习者展示的是不同的形态。仔细观察其形态的表现形式可以发现，动作可分为动态和静态。动态形式就是身体在空间内完成武术动作的时候，其身体形态和由此而产生的特定造型，包括折线、圆和弧线等形态各异的轨迹。静态是指静止和瞬间转变时形成的定势。动态有快有慢，有轻重刚柔，也有大小高低起伏。快如一道闪电闪耀于空中，慢如大鹏展翅的雄鹰在高高的山顶盘旋，动作要求舒展大方或伸缩自如。武术动作在快慢、伸缩变化中，在一定空间范围内，充分展现出武术的艺术形态。别林斯基指出："艺术是现实的复制。"武术动作来源于与大自然或同类做斗争中形成的身体对抗形式，有徒手对抗也有加入器械的对抗形式，来源于生活但高于生活，它不是简单地将原始动作进行复制以后的再现，而是将动作进行提炼以后体现出的美感、艺术感和技击性。

武术不可能脱离现实，没有现实生活作为背景，武术表演就犹如无源之水、无本之木，就会脱离现实社会成为空中楼阁。同时，武术是距离产生美的艺术。在武术发展中，运动员需要注意对距离的把握，既不能太生活化，也不能过于艺术化和虚拟化。

（二）节奏之美

从古至今，中国人都对节奏有过深入的研究和探讨。《易经》中说："无往不复，天地际也。"宗白华提出："美和美术特点是'形式'，在于'节奏'，美是生命的深层审美趣味和高雅情调。艺术都趋向于音乐状态。"朱光潜强调，节奏是艺术的灵魂。武术的闪、展、腾、挪等都是节奏的具体表现。节奏感强、动态而充满活力与朝气的自然可由武术表达。套路所要表现的内在深层内涵和意蕴往往通过音乐、舞蹈和技击动作来达成。空间意识和空间表现是"无往不复的天地之际"。[①]武术不是西方透视空间，而是现实节奏空间。节奏美是重复、变化的美感。武术有许多流派，存在风格各异和特征不同的武术也就可以理解了。例如，长拳如流水，非常轻盈和连贯。除此之外，武术动作每一

① 冯香红、杨建英、杨建营：《"一个主体，两个分支"的太极拳发展格局探析》，《武汉体育学院学报》2021年第6期。

个招式，每一个攻防的技术动作，都在视觉上构成优美的轨迹和具体的文化理念，这些轨迹形成了空间变化，线条和动作变化，给人以美的享受。

1. "抑扬顿挫" 之美

拳家将武术的抑扬顿挫和各种攻防内涵与意蕴表达为 "立如鸡，站如松；动如涛，静如岳；起如猿，落如鹊；转如轮，折如弓；轻如叶，重如铁"。在中国传统哲学的矛盾对立中，需要找到武术立于不败之地的核心价值要素。[1]

2. "动静相生" 之美

武术轻重分明，充分突出动与静的配合。在短暂停顿后，就像洪流倾泻而下，瞬间完成节奏转折。"摆臂砸拳" 加上基础的步法 "弧形步"，是 "先重后轻快" 的基本编排套路与理念。旋转给人轻轻飘动的树叶似感觉，然后是响亮的 "拍手"，无论是视觉还是听觉都令人耳目一新，使人感受到节奏感和动静结合给人带来的审美情趣及体现的内在气质。轻与重，还形成具有独特品位和意蕴的节奏感。

3. "韵势缓疾" 之美

武术讲究动作，需要神韵。武术所表达的韵脚是和谐、节奏美。武术的魅力来自动作的节奏变化和规范。有的武术形式 "动如波涛"，韵律自然使各种动作变化充分而激烈，变化清晰。武术对静态设定了很多要求，如 "金鸡独立" "白鹤亮翅" "金鸡报晓" 等，展现了武术的生动性。武术招式展现出的自然仪态形象，便是其格局美。武术定势并不是对称和平衡，而是从技击出发，于奇中求正。然而，武术中的静止并非物理学意义上的完全处于速度为零的状态，它是含有巨大能量的相对静止的状态。静止动作静中有动、动静相生，这对互相转化的矛盾在武术动作中表现得淋漓尽致。节奏是对立统一的，除轻和重，缓和疾也是基本的哲学矛盾要素。"缓如鹰，快如风"，大多数武术讲究 "拳似流星，眼似电"。[2] 快为主，慢为辅，没有慢就不能表现快的精彩绝伦之处，快是由慢映衬出来的。

综上，武术发展需要勤加练习，手和眼的变化取决于步伐。动作不仅追求快，还要求稳。"稳如铁塔，稳如泰山" "有台阶站如高山" 是对武术动作稳的描述和技术性要求。只有脚稳定了，才能静下来，把武术移动到静止瞬间，把幅度大的动作变成富有战斗力和攻击性的技术动作。武术蕴含丰富的美学思

---

① 杜胜林：《从传统美学角度看武术竞技运动》，《武术科学》2004 年第 10 期。

② 陈理标、黄帝全、余中、蒋训雅：《武术的演变："武" 与 "艺" 分途及称谓重构》，《武术研究》2021 年第 5 期。

想，武术之所以历经数千年而不衰，审美趣味是其强大的生命力所在。

（三）神韵之美

大部分练武的人都会把魅力展现作为最高境界，并以此作为评判标准。在武术练习中，往往单方面强调武术的竞技魅力，忽略了武术的艺术魅力。随着人民对美好生活向往的需求越加强烈，虽然攻防技术在武术中有所体现，但技击和对抗性已随着时代的变迁而有弱化的趋势。武术虽然讲究出拳和踢腿，但运动员潜意识并不在拳头、脚尖等具有攻击能力的部位和角度。这似乎背离了武术的初衷，但又是武术魅力的重要因素。武术套路练习者把精力和心思集中在内在魅力。武术讲究神韵之美，其编排就像优美的乐章。音乐是抑扬顿挫的各种元素的结合与优化，其编排水准体现了编排者对音符的组合能力和审美趣味。武术节奏往往展示攻防变化，给人带来鲜明的节奏感。武术训练重视动作节奏和眼神的运用。武术有各种各样的要求，如"动作快，静下心来"。节奏是在空间和时间上的变化，会显示出运动和秩序间的特定联系。节奏变化反映速度、虚实等。可以说，节奏变化是武术表演中的根本变化和带来观赏价值的重要元素。这种千变万化的运动感，足以吸引观众，表现文化的底蕴和动作的层次感，充分体现和谐美和动作的质感。具有表现力的节奏和恰如其分的抒情音乐也是美的融合，融入这些要素可以达到锦上添花的效果。

在各种表现形式中，我们经常看到武术被用作重要的表现中国传统文化元素的表演。武术表演不是简单的舞蹈，它是一种加入各种文化元素的综合武术。武术表演者有时是采取徒手的表演方式，或有外加的各种攻击性武器的对练，表演者一般都具有矫健的身姿，良好的身体素质和武术专业修养。把音乐韵律全部融入武术展现，把音乐和各种武术对抗动作完美融合，就展现了武术的韵律美。例如，在比赛中，长拳表演以展现中国传统文化元素的音乐作为背景音乐，这充分表明长拳节奏与中国文化具有千丝万缕的关联。音乐伴奏的长拳得到充分表现，让人在观看中处于精神兴奋状态。这是高贵、典雅、精致、神圣美的享受与感知。

武术产生之初，具有较强的技击含义。在其实践中，随着时代的变迁，走上了艺术化道路。任何一门武术的出现，都是武者的感受，都是其认知本质的提炼。武术源于搏击练习，各个门派的武术是否具有优越性需要经过实践检验。武术的创编、实践甚至传播，大多接近武术技击的本质元素，也最接近艺术本质的元素，它包含道德的真、善、美，也包含着艺术美。而艺术表现出生命力和自然性，还要保存精华元素和谬误，提高其典型意义，更精准地表现出生命的本真和对美好生活的向往和追求。

（四）静态之美

武术静态美可以说是技术动作间的表现形态，它追求的很多动作形式往往是相对静止的。武术的技术动作造型要求自然、劲道，在看似绵柔的动作中充满着对抗性和隐藏的攻击机会。练习者通过撑、拔、展、勾等，最终达到内在劲力和技术对抗性的表达。正如武谚：坐如钟、站如松。这样的境界给人展现的是练习者的气节和能量，这与很多其他艺术形式中表现的阴柔之美和女子的身体协调美是有本质区别的。武术的技术动作造型，不仅是追求均衡的动作表达，它还遵循基本的技击原则，试图追求斜中寓直、奇中求正，在不平衡中获得平衡的动作形式，最终在变幻的技术中达到统一的动作审美趣味。

（五）动态之美

武术动态美是在套路练习中，练习者的身体在相对封闭的空间内完成动作的形态美感，包括直线、弧线或折线。从武术动作的设计理念和编排原则来探索可以发现，对抗性动作经常表现出具有高低起伏，错落有致的动态美。行云流水般的动作连续性和对抗性动作的猛虎下山之势都是其美的表现形式。武术讲求在变化动作中体现协调，还要求练习者做到"眼随手动、步随身转"等基本技术环节和技术细节。正如培根大师所言："论其美来，形貌之美胜过颜色美，而优雅动作美又胜过形态美。"

（六）结构之美

结构质量主要表现在：结构要素质量与各要素间的连接及其连接方式的合理性。武术讲究结构，主要体现在结构的完整性与动作的连贯性。武术动作有起有落、有缩有进，动作间并不是任意性组合，而是讲究技击原则和哲学要素，涵盖了攻守兼备、刚柔并进、虚实相生的基本攻守内涵。与此同时，武术从整体结构出发，运用闪展腾挪使得整个技术结构具有生气蓬勃的整体印象，这也就完全展现出武术所具有的意蕴表达的能力，以及技击动作的哲理性。这就是从结构设计的角度表现出技术动作结构的神韵和劲道，整体表现出结构设计的美感和和谐。

二、武术中的"意境"

意境不是"玄之又玄"和不接地气的存在，它必须有实体事物作为存在的载体，没有基本的艺术化元素作为其存在的载体，意境就不可能存在。意境欣赏表现为形象和虚幻的统一。宗白华说："化实景为虚境，创形象以为象征，使

人类最高的心灵具体化，涵盖了'艺术意境'的表达方式与途径。"①

意境是特定画面生动性或连续性的综合表达方式和体现途径。在日常生活中，特定艺术形象与情趣、氛围和幻想是相互配合的。武术是身体的运动，人们自身的运动和宇宙万物间有千丝万缕、剪不断理还乱的关联，如果想要达到练武的目的，则需达到和与世界万物和谐共存的境地，遵循大自然规律是武术不断发展所必须遵循的基本守则。

武术自古就追求自然和谐，"天人合一"的境界。武术的最高境界几乎是禅境，其所创造出的意象相互关联，往往使观赏者达到忘情的境界，进而使武术的艺术价值得以实现。当武术练习者达到物我两忘的境界时，往往达成了精神上的升华和艺术上的进阶。自然规律和生存本能是意境本源，武术将练习者自己的感情和技击意识完美地融合到一起，其韵味表现无穷，意境深远而悠远，这正是对意境美的良好表现。

显而易见，武术需要练习者表达出"精、气、神"，也讲究练习者的"形神兼备，内外合一，意念与动作的协调统一"。正是由于武术这种独特的基本理念，造就了武术的艺术特质。比如，在很多种拳种中"精、气、手、步"的合理运用，南拳"神、心、气、胆"的合理表达，外练"手、眼、腰、身"这些元素的统筹和分配。武术的特征是内部意气和外部神气融合统一的融洽点，从而化各种意念和内涵表达于无形，实现精神和形体的内在融合，达到实现自身生命本真价值的极好路径和精神升华境地。

（一）"天人合一"的哲学意境

罗丹说："没有比人体美更能激起富有感官的柔情表达。"武术是个体良好外展形象的形式，练习者可以尽情展示武术中蕴含的意境、内在美和外在美。"天人合一"是习武之人能够到达生命价值实现的良好路径。

从古至今，佛教和道教都对人们影响深远，人们对禅学有着长期的探索与追求，佛家和道家思想同样对中国的艺术有着多元化的促进和提升。正是儒、道、禅三者思想相互取其长处和精华，才形成我们今天的艺术精神元素和指引方向。三者的交融决定着思想水平、审美情趣及现代化的思想表达，也就形成了中国传统意义上的艺术精神。

"天人合一"是中华艺术精神重要的外在表现形式之一。艺术精神就是艺术的精神境界的外在表现形式。简单来讲，中国艺术更注重意境的良好表现形

---

① 李金钟：《分析武术实践中文化教育性的缺失与重塑》，《文体用品与科技》2021年第13期。

式，更加强调精神上的提升与表达。儒家思想自古以来就对中国文人起着精神引领的作用，指引着他们的前进方向与自身理想的实现与表达。道家思想是无为，促使中国艺术去关注人生的境界，对生命进行深层次的升华。

武术受儒、道、佛思想的影响，还受哲学思想的熏陶，其本身蕴含的思想与理念形成了具备中国传统思想元素的集合体，具有各种文化元素所共同拥有的一些精华元素与价值理念。艺术精神强调人的本体性作用，武术亦是如此。武术有着艺术精神必须具备的基础元素和精神元素。艺术精神是历史的、多元的、包容的、抽象的，也是多层次结构的。

儒家思想强调天和人统一于"道"，达到"天人合一"之"道"。"天人合一"是基本精神，追求人和人、人和自然的协调与共进。文化核心也是"天人合一"，其不仅仅是人和自然关系的学说，还是理想和价值体现。"天人合一"的思想对武术产生了巨大影响，其和谐之美是艺术最高意境的表达方式和外化途径。

武术在传统哲学思想的积极影响之下，汲取了后者的精髓，形成了自身的理想化和哲学化身体表现。作为中国文化的缩影，其创始、生存和发展受制于中国传统文化的指引。例如，武术"天人合一"意境主要表现在武术的攻防内涵和艺术化表现。因为，中国武术吸取各种动物形象和动作，并将动作融入武术中，如金鸡独立、大鹏展翅等。这些融自然于一体的武术是"天人合一"意境的良好外化表现形式。

传统哲学在发展中，东方文化各分支起着不同作用。文化构成表达着各种形式和内容的文化元素。武术作为文化的优秀因子，被烙上了中国传统哲学元素的印迹。武术深受传统哲学的指引，不断汲取传统哲学的精华，并不断将哲学精髓融入武术的对抗动作。长期以来，中国传统哲学不断体现着东方文化的思想元素和内在意蕴、体现着东方文化的精华元素，武术也就自然地成为具有东方传统哲学思想和引导元素的载体。武术能够独具风格，要归功于传统文化精髓元素的支撑与引领。

（二）"内外兼修"的审美意境

武术具有极高的艺术价值，这是运动员的意境使然。武术的明显特征是攻防体系，武术之中的对抗性内容是双人的攻防，是互为对手的技术，它主要体现在对武术本真内容和形式的良好把握，它由个体在意境中演练的内容作为具象化的动作表达。

"意境"，通常指文艺作品中的思想感情融合在一起构建的艺术境界。武术

按照价值取向和审美情趣，将攻防技击进行合理化的表现和重现，并且让创编者、练习者充分配合，在演练中力求达到和谐统一。因此，武术往往要求练习者将自己置身于对抗意境，通过武术表达来想方设法提升自己攻击能力的思维模式，再现搏斗的本真图景。例如，"剑似飞凤上下翻、刀如猛虎力无边"以及"巧打流星，顺打鞭"等都形象地表达了采取各种有效途径提升自己攻击能力的途径和抑制对手发挥的手段。武术拳谚把各种理想化场景和攻击场面有效浓缩，有利于运动员理解动作的精髓和攻击手段的表现方式，是一种有智慧、有谋略的文化传承方式。

武术与传统文化融合，构建内外兼修的审美意境。武术表演表现出线条美、技巧美和神韵美。练习者通过武术动作的展现，体现出其中强烈的审美趣味，表现出了人类最原始的对抗本能，也表达了武术原始本真的攻击性。

在传统文化中，审美活动不仅是对竞技主体身心的关照，更是生命的体验。在武术表演中，欣赏者通过对传统文化的体悟来感知传统文化的独特魅力，感受虚实相生的意蕴表达，进入精神升华的审美境界。

大众对武术的欣赏，首先以个体感受体现出来，有了这样的基础，审美主体才会有"赏"的内在需求与冲动，才能体验到博大精深的文化美感和意境美。

（三）"虚实相生"的意境之美

中国美学原则"虚实相生"从相生角度研究意境，就极易抓住内在稳定性的核心要素，哲学矛盾往往需要深刻把握内在属性才能参透，虚实的矛盾需要通过对技术动作的掌握才能深刻领悟。

虚静是外部到内部的转移，其独特之处是外静内动。同时，让欣赏武术的人们具备审美心境，所以，大众在欣赏武术表演时，往往会全身心去领悟内在美，人们的这种直觉表现得淋漓尽致，这和武术追求的形神统一具有千丝万缕的关系。人们在注重武术表达的顺畅性和意境之美时，也不自觉地体悟到精神的升华和超越自身生命有限性的羁绊，这种羁绊成为其人生最大的精神财富。虚和静的外在要素表现为神情专注，需要不断表达自身的内在含义并为大众所理解和接受，因此，动作的意义表达和传递就需要既表达出深刻的文化内涵和对抗性含义，又要浅显易懂，为大多数的群众所喜闻乐见并认同，这是一对基本矛盾，需要编排人员和技术创新者对欣赏的群体和武术动作的内在结构有较好的掌握，从而化解这对矛盾。

虚实问题设计的矛盾是哲学宇宙观。世界是不断变化的，矛盾也在各个维度上发生着变化与转移，万物在虚实中流动，在相互转化中相生相杀。武术很早就掌握了虚实相生。笪重光说过："空本难图，实景清而空景现。虚实相生，无画处皆成妙境。"这段论断与武术空间处理有异曲同工之妙，也叫人联想到场地布景。但武术中并不存在具体的布景，它往往是通过欣赏者的想象而出现的。武术演练具有独特性，武术魅力和艺术意境是相同的。武术的表现方式有和中国绘画、书法、舞蹈相同的地方，甚至诗歌中也有其可以借鉴的元素。

武术布景是在练习者身上体现和表达。练习者集中精力用程式逼真地表现出人的情感世界和精神品位，不需要布景，可以留出空间来展示其武术要表达的全部要素，达到完美呈现的目的。我们探究其审美趣味和表达形式，有助于对中国艺术精神的精准化、系统化的解读和理解。对虚和静的解读和分析主要有物感学说和移情理论，共同的理论表现为"物我合一"。武术境界就是达到物我合一，环境和物体达到内在表现元素和结构的统一与和谐。中国艺术善于辩证地结合虚和实这对基本的哲学矛盾，这种独特的创造手法被融入艺术构成的所有作品，并不断转化为具有独特意境的文化。老子提出的"少私寡欲"就是要人们明白：人来自于自然，必然回归自然，人在浮躁的社会背景中需要找到稳压器和方向盘，找到使自己达到内心平和的方法和途径。本质就是，人要达到物我两忘，超越自身的有限性，不要为外在的物质条件和各种人性欲望所羁绊。①

显而易见，虚静之美，是对武术含蓄之美的超越，也是武术审美的本质特征。从武术的源头和内在要素出发，无论是武术的虚之美还是静之美，都是人们对武术价值的主观选择，它们之间存在着一定的对应关系，而这种关系只有在特定的群体之间和相应的时代背景之下才能够存在。中国古典美学的一个重要原则是虚实相生，以虚实相生来研究意境是基本的思维方式和良好路径，其会使意境更加具体地呈现在各类艺术之中，而武术所表现出的正是这种虚实相生的意境。

---

① 曾卫红：《现代学徒制视阈下传统武术人才培养模式的探索》，《闽南师范大学学报（自然科学版）》2021 年第 2 期。

第三节　武术竞技运动的核心价值

一、本源价值

传统武术起源于古代的狩猎和战争，积累了中华民族几千年的技击经验，具有优于一般文化形式的独特魅力。武术的每个招式都是从教训和经验中总结出来的，无论是少数人之间的搏斗，还是大规模的军事斗争，都离不开对抗的技巧和手段，只有在交战的过程中，发现不同的对手应该如何对付，才能慢慢总结出有对抗能力的武术招式，而后来者可以通过前人的讲述或者是文字记载来避免犯错。虽然随着时代的发展和人们各种不同需求的出现，武术从形式到内容都需要做出相应调整才能够适应当下的社会，才能够生存下来，但战斗和对抗的本质要素却没有随着时代的变化而消亡。

随着信息化战争时代的到来，人们不再需要在战场上进行肉搏，但是武术的对抗性练习有其存在的必要性和相应的市场价值。随着社会的发展，武术对抗不再是大多数人谋生的手段，因为人们感受到的更多是快节奏工作和生活带来的压迫感。于是，很多人开始出现心理问题，如抑郁、易怒、敏感等。人们需要身心的全方位放松，而他们可以在武术对抗审美中找到真正的"自己"。竞技性和艺术性是武术的核心价值要素，而技术性和战斗性在现代的武术表现中被淡化或忘却。"高、难、美、新"成为其追求的基本方向，在表演中需要做到形神兼备、高度协调与和谐。武术是中华艺术宝库中的瑰宝和传统文化的精髓，武术能满足人们的审美需求，它通过演练意境，显示出其独特的审美品位和文化魅力。通过对武术形式美的表现，人们可以充分调动自身的生活体验和审美体验，激发想象力和对抗性情感，体验武术的本真，深刻理解战斗的意境美，从而获得文化和艺术的美感，在心理上得到酣畅淋漓的情感发泄。此外，人们对武术意境的理解可以凝结成生活哲学，实现对参与者理想人格的培养。

二、教育价值

在武术与社会的互动中，武术的多维教育价值被提了出来。传统武术练习是不断提升素养的过程，包括身体和性格的不断磨炼。传统武术对练习者的培养主要体现在武术素养的培养和提升，特别是品格的塑造和培养。拳谚："学艺术先学礼仪，学武术先学美德。"传统武术由宗法制和家族制来继承技法，所以传统武术练习者在入门时需要经过磨砺和考验。传统武术师傅在选徒问题，首先关注练习者是否具有良好的道德品质和高尚的情操。具有良好道德品质的人才会把学到的武术用在正道，否则，练习者学习到一定的功法后，如果用以获取财物或是虚名，就会把武术的价值引入歧途。传统武术师傅把徒弟的人品作为最重要的考虑元素，传统武术也注重对练习者意志品质的培养。在传统武术看来，只有必要的意志和大运动量的训练才能弥补天赋的欠缺。即使身体有残疾，练习者仍然可以练习到较高的技术水平。这是"苦练出大师"的传统训练思维和习练理念。然而，良好的道德情操和人品只是参与武术练习的基本前提要素，要想获得较高的技术水平，还需要有吃苦耐劳的精神和坚持不懈的秉性。传统武术深受中国文化影响，追求"天人合一"。它主张在人与自然的统一中，遵守自然的基本规律，崇尚爱护自然、尊重自然、回归自然。传统武术讲究"切中要害""胜则可喜，败则亦喜"，这是对人性中恶的一方面的限制，需要压制人性中不好的一面来提升人的价值。练习者没有功利色彩，通过在自觉状态下的练习来满足精神品位的升华和审美情趣的达成。武术继承了传统文化的精髓要素，倡导天人合一、人际和谐，弘扬中国德育理念，强调尊师重道，代代相传，讲究师徒的情谊和门派，在不同的门派的气节上保持纯洁，在门派的忠诚度上表现出高度的稳定性。这是武术文化内涵的继承，也是武术教育价值的体现。然而，武术作为历史发展产物，被社会赋予了多维度的教育价值。

武术挑战极限，鼓励人的内在超越和对人的生命有限性的不断超越。武术在不断推进和发展的过程中，加入了很多创新性的元素，创立了适应时代发展的模式，通过科学训练使练习者的综合素养得到最大限度的提升。武术提倡征服和改造自然，这个自然主要表现为我们自己的身体，需要练习者静下心来，不断体悟动作的对抗性和深刻的文化内涵，以其独特的艺术表现方式凸显人既是主体又是客体，既是自然又是文化，既是成功者又是失败者等极具矛盾性和哲学元素的思想。集社会性、主体性于一身的武术永远处于对外在自然和自身能力有限性的不断超越的过程中，进而产生挑战极限的永恒内在冲动。

武术弘扬公平、公正、公开的体育运动理念和原则。公平、公正、公开是竞赛的基本要求和理念。武术规则经过多轮的修改和完善，现在已经逐步变得完善，并且具有较好的可操作性，评分更加体现出人本化。武术宣扬公平，体现对练习者练习水平的尊重，又体现了公平判罚对社会正能量的弘扬。武术把这种内在属性和需要进一步放大，体现出武术独特的教育价值。武术的参赛者基于公平的判罚规则，勇于向强手和高水平运动员挑战，超越自我的极限表演水平，使个人的内在竞技运动潜能外显为实在的力和美的表现形式。

武术塑造具有独特风格的民族精神风貌。中华民族精神是指导民族延续发展以及武术技术水平提升连绵不绝的精神要素。孟子曾说："富贵不能淫，贫贱不能移，威武不能屈。"《易传》有记载："天行健，君子以自强不息；地势坤，君子以厚德载物。"自强不息是武术练习者自带的气场，武术的高难度动作需要练习者具有良好的意志品质以及遇到苦难越挫越勇的精神气概和勇气。当我们听到中国散打战胜美国拳击、击败泰拳时，爱国热忱油然而生。这也体现出对中国博大文化底蕴的震撼，其中表现出来的是敢拼敢打、勇于获胜的大无畏精神气概和整体形象。武术对培养民族精神意义非凡，对民族性格的形成起到了推进和促成的作用。

三、健身价值

弹跳、腾挪、屈伸、平衡、跳跃、翻滚等技术动作构成了武术动作结构。系统的武术训练能够对速度、力量、灵巧、耐力、柔韧等素质进行全方位提升。通过系统化的武术训练，人的身体素养可以得到提升。武术讲究调息、行气，这对调节体内环境、滋养气血、改善机能都有非常好的效果。中华民族几千年的习武实践和科学研究表明，武术之所以能对身体产生诸多的好处，是因为它既注重内修又注重外修，既注重内容又注重外在表现形式，可见武术对身心的提升价值。经常练习武术可达到内外兼修的效果，这是传统武术修心修体的精神追求。传统武术具有很多传统文化底蕴的元素，追求人与自然和谐发展、心无旁骛、顺应自然。传统武术动作涵盖屈伸、转圈、跳跃、平衡等元素。通过面部表情和呼吸协调及人体各器官的参与，不仅可以改善内脏器官和中枢神经系统的功能，还可以提升人的速度、力量、灵巧性。传统武术动作轻柔、缓慢、均匀、流畅、连贯，具有动作优美、气质独特、引人入胜的特点。由于武术内外兼修的基本属性，它具有抗衰老、提高身体免疫力的作用。其健身思想、运动规律和运动方式是中国传统文化中精华运动形式的集大成者。随着中华民族的复兴，武术发展势头良好，在全世界范围内得到了广泛的传播与推广。武术价值取向是积极、健康的正能量，符合现代人和平友好的交往风格。其健身思想具有丰富的哲学内涵，其技术手段具人文底蕴和审美趣味，具有一般生物学意义和良好的健身价值。武术对神经系统、呼吸系统、循环系统、消化系统和内分泌系统功能的发挥都有良好的提升作用。

四、其他价值

武术除技击、教育和健身等价值属性外，同时也彰显出其他价值要素。例如，竞赛价值、经济价值、审美价值、对外交流价值、文化传承价值等，审美价值在技击价值比较中已有所论述，在这里主要涉及武术的世俗化价值即竞赛和经济价值。竞赛和经济价值是武术的下位价值特性，它们以其他价值特性为载体。到目前为止，武术已拥有一套完善的规则和评价体系，经常性的武术赛事促进了社会主义精神文明建设。比赛的规模和场次也已具有一定的模式。在这一点上，武术走在很多运动项目赛事之前，而且，我们通过武术竞赛也取得了一定的经济效益，散打的商业化运作就是很好的例子。传统武术不断在市场化运作中找到自身的定位，并不断发挥出自身的独特价值。

第四节　武术竞技运动价值的实现路径

一、武术竞技运动价值"开拓型"战略

（一）推进武术的产业化进程

新时代背景下，在原有基础上实现新的发展是运动项目不断前进的必经之路，作为依托传统武术发展起来的现代武术项目，要想在众多竞技项目中脱颖而出，必须使其实现产业化、规模化发展。一方面，产业化可使武术走进人们的日常生活，让更多的人接触和了解武术，提高武术项目的群众基础和宣传力度；另一方面，产业化可为武术发展提供物质、技术支持，进一步促进武术人才的发展。纵观武术的发展历程，其发展历经历了从无到有、从小到大、从计划经济到市场经济、从国内走向国际几个阶段。现阶段的武术产业化偏重于国内市场，实现和国内市场融合，需要抓住增强武术观赏性这一关键因素，实现武术的不断发展壮大。在推进武术的产业化发展时，要遵循现代管理学和经济学的基本原理，通过政府部门、武术协会、企业、媒体等的联合发力，构建大家都来关注武术、促进武术发展的局面。同时，应广泛地借鉴拳击等项目的发展经验，在遵循产业化发展基本规律的基础上，形成符合新时代发展实际的应

对策略和发展路径，进一步培育具有发展活力的市场，通过举办赛事提升运动项目的影响力，通过赢得国际比赛的胜利振奋民族精神，形成整个中华民族的尚武精神风貌，促使武术项目步入持续、健康发展的快车道。

（二）回归修身、防卫的本质属性

武术具备修身、养性和防卫等属性和功用，不同于一般竞技项目，它主张"天人合一"。这主要表现了武术修养身心的特点。武术不单是竞争性对抗，还讲究基本的道德和情操，讲究在对抗的过程中提升自身的综合素养。这一点与20世纪末风靡全球的印度瑜伽术具有异曲同工之妙。瑜伽可以使练习者的身心达到与自然和谐的境地，从而达到神情饱满的状态。传统瑜伽使人专注于人的细微需求从而达到浑然忘我的精神层面，使人的身心获得提升，而这些特点已被传统文化的精粹——武术所囊括。然而，中华武术在世界的发展却比不上印度瑜伽术，这让我们不得不反思武术发展中存在的问题和需要寻求的解决之道。随着全球格局的改变，世界各国的经济、政治出现了前所未有的新局面，社会基本趋于稳定。在人们的生活远离颠沛流离的环境之后，哲学和灵性开始成为人们更高的精神层面的追求。在这种运动背景之下，倡导者将美容美颜、瘦身健美、调养机能等时代元素融入瑜伽，此后瑜伽便开始风靡全球，受到了很多运动人士的喜爱和推崇。武术可在产业化运作中借鉴经营较好的运动项目的宝贵经验，大力推广其修身养性、防身自卫的独特功用，并和现代化元素相融合，形成新时代下武术发展的独特特点和路径，从而不断推动武术项目的可持续发展。

（三）落实国家传统扶持政策

国家对武术的扶持，意味着武术可以在我国社会主义现代化建设中发光发亮、不断前进。2015年，武术被教育部列为七项国家重点扶持项目之一。作为传统文化的精髓，武术所拥有的不仅是技击技能，还有养生之道和中国传统文化的精华元素与优势因子。在当下，武术产业已具有一定的发展规模，同时民族传统体育市场又具有较大潜力，这就需要我们在遵循市场规律的前提下对武术进行合理开发。武术的对外发展应开拓一条优秀传统文化项目的现代化发展与市场化发展的结合之路。要合理并切合实际地借助国家政策的扶持，合理优化各种有利因素，让武术"走出去"，为世界展示"中国形象"，让全世界有机会了解中国武术和练习中国武术，使武术成为我国对外宣传的一张闪亮的名片。武术是历史留下的精神财产的优秀瑰宝，我们要在保护的基础上进行传承，不是墨守成规地照搬以前的动作范式，而是不断地开拓创新、勇往直前，在继承的基础上不断适应时代的脉络和发展的要求，让武术借政策红利不断前进，从而焕发出顽强的生命力和独特的文化魅力。

（四）借助"一带一路"倡议的发展

"一带一路"倡议对实现共同发展起到了方向标的作用，它不仅是对外开放战略，更是弘扬中华文化和武术文化的可行性方略，有利于提高武术在沿线国家的影响力，推动中国传统文化理念和思想的国际化传播。在全球化与一体化的发展背景下，我们要更好地促进各国体育文化的国际化传播，就要在传承文化时，做到"取其精华，去其糟粕"。传播者需要抱着真诚和包容的心态对待外来文化，学习优秀的外来文化元素为我所用。在推进武术文化发展的过程中，我们既要始终坚持发扬具有深厚底蕴的中华文化，又要避开由于西方文化渗透所导致的根源性文化的消亡，这是基本的传播矛盾，传播者需要在传播中保持清醒的头脑，处理好二者之间的矛盾。弘扬中华武术文化需要对其自身的文化价值内涵进行良好的归纳，让沿线各国从文化底蕴上产生对中华武术的强烈认同。

同时，要利用互联网媒体以及自媒体的传播途径，扩展传播渠道，以武术文化为主题，引起更多媒体的关注，集中开展对话交流和合作，让更多人了解并接触武术，形成对武术文化的认同感和喜爱，从而提升武术的国际影响力。

（五）利用孔子学院传播武术文化

国际学院是传播武术的优质平台，孔子学院是传播中国文化的重要机构之一，其对中国文化的传播有巨大的引领和示范作用。多年来孔子学院在各国开展了一系列的文化援助和文化交流活动，国家也将其作为武术传播的载体和情感联结的纽带。在我国，武术教学存在于国内高等体育院校和武校。在世界上许多国家，武术已作为正式课程融入学生的能力和素养培养的过程。在 20 世纪 80 年代，日本的爱知大学就开始举办"中国武术公开讲座"。现今，日本已将武术文化和学校的校园文化实现了有效融合。创办孔子学院是中国对外传播武术文化的重要途径，我们可以通过孔子学院把优秀的武术文化介绍到国外，通过举办比赛和讲座，让世界了解并喜爱中国博大精深的传统文化，加深各国人民对武术文化的感性认识和理性把握。

（六）打造具有中国特色的体育品牌

武术是建立在传统文化基础上的，是适应时代的创新传承，从某种意义上说，它可以进一步促进传统文化的发展。在武术推广中，要注意去其糟粕，取其精华，将见义勇为、除暴安良、匡扶正义作为价值观引领，让习武之人在锻炼身体时，形成"外练筋骨皮，内练一口气"的精神风貌，倡导越挫越勇、英勇向前的精神。武术有丰富的文化底蕴，包括人文资源、文化资源、人才资源、产品资源、技术资源等，有些资源具有较大的影响力，如李连杰与其作品名扬世界，散打"王中王"柳海龙在世界搏击、散打领域有较好口碑等，这都对推进武术文化具有品牌宣传效应。有武术作为载体的文学和影视作品，更是受到广大人民群众的欢迎，因此，我们可以运用其影响力来开发市场，利用商业化运作来提升品牌价值，不断开发其品牌价值，扩大影响力，将武术精神体现在品牌打造之中，这有利于体育品牌的创建和可持续发展。

（七）与传统武术协同进奥运

随着我国综合国力的加强，国际话语权的提升，武术进奥运的呼声也越来越高。早在 2008 年，武术就以"特设项目"成为奥运会项目，它既不是正式项目，也非真正意义上的表演项目，而是被称为"北京奥运会武术比赛"，涵盖了 10 枚金牌。这是武术进奥运会的历史突破。基于以往的成绩，我们不能妄自菲薄，也不能盲目尊大，需要脚踏实地、一切从实际出发，一步一个脚印地从"协同"思维模式和方略上进行多维度、多层次的努力和奋进。武术是传统文化的一部分，是实现"健康中国战略"的需要，是"中国文化"对外宣传的渠道和平台。纵观柔道、跆拳道进奥运会的经验，在"量化"和"国际化"的维度，我们还有大量的工作可以开展，如丰富中国传统文化的意蕴内涵；形成 1+1>2 的协同效果，促使武术的种类更加齐全、形式更加丰富多彩、内涵更加深厚；利用好"一带一路"倡议，以段位制为基础，夯实传播根基与成效，扩大国际化传播方式的有效性和覆盖面，为武术正式进入奥运做好前期的准备工作。

（八）执裁制度和科研助力共协调

科研和裁判工作作为运动项目的基本保障元素，其重要性是毫无疑问的。技术提高是水平提升的关键。完善科研制度和研究深度，还需要国家体育总局、体育院校、科研单位共同发力、同心同德，一方面，要扩大资金筹措的来源和渠道，另一方面，要形成合理完善的机制，使各项成果能够有产出、有转化。科研能力的提高需要多方面共同发力，可从高校的专业设置上进行优化，加大人才培育力度，建立综合性研究队伍。同时，完善科研奖励制度的科学性和人本化，不断提高物质奖励水平，提高研究者工作的积极性。也可以适当引入退役运动员的资源，这一部分人是对武术有情怀、有热爱、有干劲的群体，他们的文化知识素养可能有待提高，但是他们武术素养的水平非常高，这就需要相关部门进行资源整合，打破制度的瓶颈，促进武术的可持续发展。在助推武术发展中，不能忽视执裁制度对武术发展的重要影响，要重视裁判员的培养，针对比赛打分中存在的主观行为，要增强裁判员的抗干扰能力，形成良好的判罚声誉，这对武术的长期健康可持续发展有深远的战略意义。

二、武术竞技运动价值实现的进一步思考和建议

（一）健全规范武术理论化

推动武术和武术文化"走出去"，需要健全并规范武术的基本概念和知识，这是武术走向世界舞台的基本前提。而此项策略离不开相关部门对武术科研工作的大力支持，需要在上级部门统一管理下，各部门相互配合、创编、研发符合我国武术实际的外语学习教材，保证其在国际范围内的传播与推广，还可以运用现代自媒体，利用武术视频和图片加大对外文化传播的力度，让更多的人对中国武术文化有基本的感性认知。在构建符合传播实际的知识手册时，工作人员还应当注意要对不接地气的特有名词进行通俗易懂的解释，力求符合外语的语言习惯并具备实用性，并且还应当同步录制优秀运动员的演示资料，必要时结合动作进行阐释，保证能够向受众准确传播中国传统文化精髓，让受众形成感性的、可接受的知识脉络，以保证武术传播的系统性和可持续性。

（二）促进武术健身社会化

武术健身具有其独特特征和内涵，它不仅能够推动强身健体运动的进行，而且能促进武术技术的掌握，并能将两者进行结合。同时，通过武术还能治愈疾病，患者在进行练习时能够提升免疫力，提高身体机能。从武术渊源来看，其不仅是我国人民健身修身的途径和办法，也是传统体育项目，是具有独特魅力和人文底蕴的文化遗产。当前，越来越多的人开始接触和喜爱武术，武术健身已成为一种生活方式。练习武术时强调注意力集中、形神兼备、内外合一，这可以提高人的心理稳定性。武术练习不仅能锻炼形体，而且还能促进经络皆通、脏腑理顺。进行武术练习时，合理把控意念并掌握好气息，有助于身体机能的改善，还能改善体质。当前，我国大力提倡加强运动、少做低头一族，越来越多的人意识到应当推广武术运动，推动养生活动的发展，不断丰富人们的业余文化生活，形成健康的生活方式。

（三）突出武术文化独特化

文化是一个国家的主要标志之一，民族传统体育是建立在中华优秀文化基础上，受到传统文化滋养，融合了我国众多学派思想后，逐渐形成的集优秀哲

学于一身的独特体育运动文化。这种文化不仅具备了辩证思维，而且和我国的礼仪、军事、养生等传统文化中的精髓相互融合，赋予了我国传统体育更多维度和层次的内涵要素，使其不再是基本的体育运动形式。我国传统武术是我国优秀文化的进一步创新和融合，它不仅积聚了我国优秀的文化元素和理念，也是对传统行为方式和思维习惯不断优化的体现。我国在体育运动文化的展现中，也为世界呈现了底蕴深厚、气息浓郁的民族精神风貌，有利于武术这一民族传统体育项目的不断发展壮大。

（四）推进武术形象国际化

世界已经迎来全球文化相互交融的时代，我国传统文化形式——武术也必然在这一文化潮流中显示出自身的文化积淀与底蕴。中西体育文化融合是必然趋势，武术只有顺应时代发展才能获得生存和发展的机会。竞技运动是以标准规则为前提的，武术在走向国际化时必须遵循竞技运动发展的普遍规律，这样才能融入国际体育。武术由于其自身所具备的特殊形象，能更好地展现民族特色，更好地传递友好、和平、共同繁荣的普世价值理念，使我国的良好形象得以维护和发展。武术不仅是重要的强身健体的项目，更是我国传统体育和文化的代表，其自身形象是我国整体形象的构成要件。做好武术文化推广，能够推动国家良好形象的塑造和维护，彰显我国民族文化的深厚历史底蕴。要使武术难度动作创新和构建成为现实，就需要通过中西理念的融合和创新，促进武术现代发展理念与国际体育接轨。此外，武术难度动作也应满足产业化和市场化的发展需求。在快速发展的市场中，站稳脚跟、吸引观众、打开市场，推动武术在国际化的发展道路上更进一步。

（五）引领未来武术发展的价值观新内涵

武术的价值观新内涵既要求纠正一元价值观，又要求纠正多元价值观的混乱状态，应引领一元价值观和多元价值观的互动和健康、可持续发展，既要实现主导价值观的引领效应，又要体现对人民群众主流价值观的引导。文化和旅游部、教育部、国家体育总局等应成为价值观的引领主体，社会精英、著名武术人士应成为价值观的引领者。因此，在文化多元化发展的大背景下，中国武术的价值观新内涵要立足于中华民族的深厚历史文化底蕴，根据武术发展的时代呼唤，广泛吸纳异质文化的优秀文化因子与构成要件，确立爱国精神和传统文化的核心地位，兼顾多元化发展需求，在国家组织和社会主体的引领下，注重教育、产业、娱乐等多元价值观的齐头并进、相向而行。

第六章　体育舞蹈竞技运动的价值

体育舞蹈也称国际标准交谊舞，是深受人民群众热爱和欢迎的运动项目之一，是以男女为搭档的表现难度和美感的双人舞比赛项目，具体的比赛涵盖两个项目和十种舞蹈类型形式。[①] 其中摩登舞包括华尔兹、维也纳华尔兹、探戈、狐步舞和快步舞，拉丁舞包括伦巴、恰恰、桑巴、牛仔舞和斗牛舞。每个舞种都有与之相对应的舞曲、舞步和风格特征与审美情趣。[②] 编排人员可以根据各种舞蹈类型的音乐和动作要求，将其进行创新后使之成为本舞种的成套技术动作。

第一节　体育舞蹈竞技运动的发展历程

标准交谊舞源于古代民间舞蹈，对仗舞、圈舞、排舞、群舞都是其在演变过程中的阶段性产物，后来逐步成为流行交谊舞。[③] 19 世纪 20 年代后，皇家舞蹈教师协会对原有舞蹈的基本类型、舞步的种类与特征、基本姿势的构成要素等进行了系统性的研究和阐释，并制定了统一的比赛规则，逐步形成了国际标准交际舞。1947 年，首届世界标准交际舞锦标赛在柏林进行，后来经过不断完善和改进，标准交际舞成为具有文化品位和涵养的优雅艺术。

---

① 宋娟、吴瑛、吕和武、陈庆杰：《新时代体育舞蹈的本土化：价值、困境与出路》，《西安体育学院学报》2020 年第 4 期。
② 叶煜、王培：《我国体育舞蹈发展的现状、问题、机遇和对策》，《运动精品》2020 年第 10 期。
③ 汪丛、周元超、罗琪美：《自媒体视阈下优化推广高校体育舞蹈发展研究》，《体育师友》2021 年第 1 期。

中国体育舞蹈联合会（CDSF）前身是中国体育舞蹈运动协会。2000 年 8 月，中国体育舞蹈运动协会在北京召开会议，并按照协会的规程进行了选举，确立了协会领导机构，这有效推动了体育舞蹈在中国的广泛开展。2002 年 4 月，随着奥委会对体育舞蹈的认可，该项目进入综合性运动会。在此背景之下，经国家体育总局和文化和旅游部批准，中国体育舞蹈运动协会和中国业余舞蹈协会进行资源整合，组建中国体育舞蹈联合会，并在民政部重新注册登记。

一、我国体育舞蹈发展历程

（一）自由发展期（1986—2000 年）

20 世纪 80 年代，美国杨百翰大学舞蹈队到中国进行演出，把这个富有美感和朝气的运动项目带到了中国大地。人民群众开始了解这项由英国绅士与淑女的联谊舞蹈不断进化和拓展而来的运动。从此之后，体育舞蹈开始在全国范围内得到推广，越来越多的爱好者加入体育舞蹈的训练和比赛。1991 年，中国体育舞蹈运动协会在北京成立。之后，体育舞蹈开始举办正式比赛，但该项目仍是非奥运项目，一直没有得到官方的重视与政策倾斜。体育舞蹈处于自由发展的状态。

（二）组织调整期（2000—2002 年）

2000 年 8 月，中国体育舞蹈运动协会重组，选举产生了新的协会领导，体育舞蹈开始进入新的发展轨道。2002 年，中国体育舞蹈运动协会和中国业余舞蹈协会合并以后成了中国体育舞蹈联合会。体育舞蹈由国家体育总局社会体育指导中心联合管理，该项目被正式纳入中国体育范畴。在国家体育总局领导下，体育舞蹈引入了正规的竞赛制度。在我国，业余和专业运动员相结合的全民体育健身团体逐步构建，组织化管理逐步加强。各省市逐步建立地方性组织和舞蹈协会，管理体系开始逐步建立，民族体育舞蹈与社会性体育舞蹈团体形成合力，为后续发展做了铺垫。

（三）国际沟通期（2002—2005 年）

在组建团队时，中国体育舞蹈联合会意识到国际化发展的重要价值，开始建立交流渠道。在"团结让我们更强大"理念的指引之下，舞蹈组织者运筹帷幄、精心布局，中国体育舞蹈联合会加入了奥林匹克组织认可的国际体育舞蹈联合会（IDSF），并与中国国际标准舞总会共同构建中国舞蹈协会并加入世界舞蹈总会（WDC），解决了体育舞蹈发展道路上的很多制度设计问题。从此，中国体育舞蹈运动员在国际舞台就有了参赛资格。同时，中国体育舞蹈联合会还可举办各种国际性体育舞蹈比赛，不断促进我国的国际化视野和表演水准的提升，以此加强了与国外优秀体育舞蹈专业人士的沟通与交流。

（四）竞赛改革期（2005—2008 年）

竞赛改革阶段，在与国际选手的交流和沟通中发现，我国传统体育舞蹈比赛与国际比赛的差异性较大，这对运动员参加比赛并夺得良好的运动成绩非常不利。为了促进中国体育舞蹈的进步和可持续发展，中国体育舞蹈联合会在参考德国锦标赛项目设置及比赛方式后，逐步与德国体育舞蹈公开赛黑池舞蹈节等国际重大赛事接轨，对原来的比赛规则进行总结和归纳，找出合理之处和不利于项目发展的规定。规则完善之后，国内各年龄段的竞技者大都可以顺利参加各种国际性体育舞蹈比赛，不至于因为年龄原因或不熟悉相应的赛制而不能参与。

（五）品牌创立期（2008 年至今）

任何运动项目，要想长期发展，就必须有良好的品牌效应作为支撑。譬如，高尔夫有大师巡回赛，斯诺克赛事有大师邀请赛等。2008 年，中国体育舞蹈联合会开始尝试构建品牌赛事的影响力，并举办 CDSF2008 中国体育舞蹈大奖赛。比赛制度符合国际体育舞蹈联合会（IDSF）大奖赛的赛制要求。通过吸引优秀的竞技者参与本项赛事，可以提高社会对体育舞蹈的了解和感知，提升项目的知名度和影响力。2009 年，在中顺集团的大力支持下，中国体育舞蹈大奖赛进行资源整合以后成为中国体育舞蹈公开赛系列赛，实现了五站一决赛的系统化整合。

二、体育舞蹈的分类

（一）摩登舞

摩登舞是体育舞蹈项目之一，内容包括华尔兹、维也纳华尔兹、探戈、狐步舞和快步。其特征是舞蹈者从动作开始就贴身握抱，沿着舞程线绕场逆时针方向进行推进。步法非常讲究严谨和规范，上半身和胯部在运动的过程中保持稳定，完成各种前进、后退、横向、旋转、造型，表现出良好气质、优美动作和优雅风度。音乐的曲调抒情而优美，旋律感非常强。服装大气不失风度，款型一般选择男穿燕尾服、女穿过膝蓬松长裙。

1.华尔兹舞

华尔兹舞用 W 表示，也称慢三步，是摩登舞之一。华尔兹舞的音乐往往选择优美抒情的曲调，节奏为中慢板 3/4 拍，每分钟 28～30 小节。每小节的三拍组成一组舞步，每一拍一个步，第一拍是重拍，三步构成一个基本循环。通过膝盖、脚踝、脚底、手掌、脚趾进行配合，结合身体升降、倾斜等具体的动作，带动舞步进行移动，使舞步的整体表现出起伏、优美和柔和的基本特点。

2. 维也纳华尔兹

维也纳华尔兹用 V 表示，也叫快三步，是摩登舞之一。其音乐旋律往往为流畅华丽的风格，节奏表现为轻松活泼。维也纳华尔兹节奏为 3/4 拍，每分钟包含了 56～60 小节，每小节三拍。首拍是重拍。基本步为六拍六步，二小节形成一个基础循环，第一小节为一次起伏。基本动作是左右快速完成旋转步，完成反身、倾斜、摆荡、升降等基本的动作技法。维也纳华尔兹舞与华尔兹同属摩登舞的基本类型，都是 3/4 音乐，舞蹈技巧基本相同，不同点表现在：节奏快慢的差异较大，华尔兹动作数量多而且结构相对比较复杂，维也纳华尔兹动作相对较少，技巧成分也少。

3. 探戈舞

探戈舞用 T 表示，是摩登舞项目之一。探戈舞为 2/4 拍节奏，每分钟 30～34 小节。每个小节占用两拍，第一拍是重拍。舞步的风格表现为轻快缓慢，快占半拍，用字母 Q 表示；慢占一拍，用字母 S 表示，节奏的基本顺序是慢、慢、快、快、慢。节奏表现为停顿，中间强调切分音；舞步的表现特征为有力且奔放；身体不存在起伏，也不存在转动；表情严肃认真；头部动作表现为闪动动作。探戈舞起源于阿根廷民间舞蹈，20 世纪开始传播到了欧洲的上层社会，随后开始向全世界传播并受到欢迎。

4. 狐步舞

狐步舞又称为福克斯，用 F 表示，是摩登舞项目之一。舞曲表现为抒情流畅，节奏是 4/4 拍，每分钟涵盖了 28～30 小节，每小节包含了四拍，第一拍为重拍，第三拍为次重拍。基本步法是四拍三步，每四拍形成一个周期。舞步划分为快、慢两步，第一步表现为慢步（S），占据了两拍，第二步和第三步表现为快步（Q），各占一拍。慢、快、快是基本的动作节奏。采用脚踝、脚掌、手掌和脚趾的复合动作来完成身体的起伏，注意反身、引肩和倾斜的基本技法。舞步表现为流畅和顺滑，步幅表现为宽大，舞姿体现为优雅大方。它源于20 世纪的欧美地区，后来在全世界范围内受到了欢迎，据研究，它是模仿狐狸走路的基本动作而创编的。

5. 快步舞

快步舞用 Q 表示，是摩登舞项目之一。舞曲明亮而欢快，舞步轻盈且灵活，跳跃感非常强烈。它的舞蹈风格表现为轻松欢快的运动形式。节奏表现为 4/4 拍，每分钟 50～52 小节。每一个小节涵盖四拍，第一拍表现为重拍，第三拍表现为次重拍。舞步分快步和漫步。快步用 Q 标识，时值为一拍；慢步用 S 来标识，时值为两拍。慢、慢、快、快、慢是基本的节奏特征。快步舞的基本步伐包括跳步、摆腿和滑步。它起源于美国，20 世纪流行于欧美。

（二）拉丁舞

拉丁舞是体育舞蹈项目之一。其基本的表现形式为伦巴、恰恰、桑巴、牛仔、斗牛。舞伴可贴近身体也可分开是其舞步的基本表现特征之一。舞伴之间在固定范围内变换方向和角度，用以展现舞蹈姿势。步法表现为灵活而多变。不同风格的展现通过对胯部和身体摆动的完成，展现舞步及其特点。拉丁舞舞姿妩媚，婀娜多姿，风格表现为热情。旋律活泼热烈，节奏非常强烈。着装洒脱，男士穿长短紧身或宽松合身的衣服，女士穿紧身裙。

1. 伦巴舞

伦巴舞用字母 R 表示，是拉丁舞项目之一。节奏表现为 4/4 拍，每分钟的节奏为 27～29 小节。每小节四拍。乐曲旋律的基本特征表现为每小节的第四拍为强拍。伦巴舞的基本舞步从第四拍开始，由慢步和两个快步组合而成。四拍三步，慢步占两拍，快步一拍，摆动胯部的总次数为三次。步伐曼妙而缠绵，讲究基本的身体姿态与情感表现，若即若离的挑逗与调情，是表达男女之间深厚爱情的动作形式。拉丁音乐和舞蹈的精髓动作融入了伦巴舞，令人欢快的节奏和身体表现使伦巴成为舞厅中深受舞蹈人员喜欢的舞种。

2. 恰恰舞

恰恰舞用 C 表示，是拉丁舞项目之一。节奏表现为 4/4 拍，每分钟 30～32 小节，每小节四拍，强拍落在第一拍。四拍五步，涵盖了慢两步和快三步。第一步踏在第二拍，时间为一拍，第二步占一拍，第三、四步都是各占半拍，第五步占一拍，踏在舞曲的第一拍上。胯部在每小节的舞步中侧向摆动达到六次。舞曲的情感风格表现为热情，舞步花式但是特别齐整，节奏表现为明快而机智。恰恰舞源于非洲，后来开始传入拉丁美洲，在古巴得到不断发展和完善。

3. 桑巴舞

桑巴舞用 S 表示，是拉丁舞项目之一。舞曲欢快热烈，节奏为 2/4 拍或 4/4 拍，每分钟 52～54 小节。强拍落在每小节第二拍或第四拍。每小节完成一个基本舞步。舞步在全脚掌踏地和半脚掌垫步间不断进行交替后完成动作，通过膝盖上下屈伸弹动，使全身达到前后摇摆的舞步姿态，并沿着舞程线绕场前

进，舞蹈特点表现为游走型的风格。流动性非常大，动律感非常强烈，步法摇曳紧凑，风格热烈奔放。桑巴舞源自巴西，是巴西每年举行的狂欢节中的常规表演项目。

4. 斗牛舞

斗牛舞用字母 P 表示，属于拉丁舞项目之一。其旋律高昂且雄壮，信心满满。节奏表现为 2/4 拍，每分钟达到 60～62 小节。一拍为一步，八拍一循环，舞步的表现特征为舞步流动大，沿着固定的舞程线进行绕场，舞步形式属于典型的游走型。舞姿挺拔，无胯部动作与膝盖的屈伸动作。用踝关节和脚掌平踏地面完成基本的舞步。动静鲜明，力度感非常强烈，发力迅速而激烈，收步顿挫。斗牛舞的舞步源自法国，后来经过传播盛行于西班牙，系模仿西班牙斗牛场面创编而成。男舞者为斗牛士，雄赳赳，气昂昂，表现为刚劲威猛的身体姿态，女舞者利用红色斗篷，表现为英姿飒爽，柔美而多变的舞姿。

5. 牛仔舞

牛仔舞采用 J 表示，是拉丁舞项目之一。牛仔舞曲的旋律表现为欢快、强烈、跳跃，节奏表现为 4/4 拍，每分钟达到 42～44 小节，六拍跳八步。牛仔舞的舞步由基本舞步踏步、并合步构成，经常结合跳跃、旋转等动作。要求脚掌踏地，腰和胯部形成钟摆式摆动的动作。牛仔舞的基本动作特点是敏捷、跳跃，舞姿的情感表现为轻松、热情。牛仔舞源自美国，原是踢踏舞，20 世纪50 年代随着爵士乐的流行，这种舞蹈得到不断完善，但风格还保持着刚健、浪漫、豪爽等特征要素。

第二节 体育舞蹈竞技运动的基本特征

一、文化特征

在人类文明进步的历程中，文化的作用不容忽视。体育舞蹈文化和其他文化一样，起着推动运动项目不断发展的重要作用，它反映了一个时代的特点，同时约束着运动项目的基本行为，影响着价值理念和思维模式。广义而言，体育舞蹈文化包含围绕体育舞蹈活动所形成的物质财富和精神财富的总和，是特殊的体育文化。狭义的体育舞蹈文化指其表现出来的精神特质或在客观实践中潜移默化构建的文明要素。

中国传统文化以含蓄、内敛为基本特征，中庸观念在中国传统文化中发挥着重要作用，体育舞蹈传入中国以来，受几千年形成的传统文化的熏陶和洗礼，形成"存大同、求小异"的基本理念和思维惯式。一般将经过存同去异的体育舞蹈文化分为四种：一是表层物质文化，指为满足健身、健美需要而创造的"器物文化"；二是浅层行为文化，指相关参与人员与组织人员产生的"活动文化"；三是制度文化，指体育舞蹈运行中形成的制度体系；四是精神层面的文化，指传播中形成的情感和理性认识。

二、模糊评判——规则性

体育舞蹈作为"舶来品"需要取其精华、去其糟粕，在舞蹈的本质展现上我们看到了独特的艺术品位和审美情趣以及潇洒的生活理念，这些都是西方宫廷文化影响下的艺术特点。比赛双方须遵守基本的游戏规则，规则规定了体育舞蹈比赛中的基本规范和要求，这是确保比赛公正的基本条件。

体育舞蹈比赛的计分方式采用名次计分法，用淘汰的方法来逐步挑选优秀的舞者，决赛时用顺位法来赛出第一名至第六名的具体成绩，这样的规则安排也随着国际体育舞蹈赛事开始传到中国。"评判审美标准不统一"是奥组委不允许体育舞蹈进入奥林匹克大家庭的重要因素。在艺术体操、花样滑冰等项目的评判中，裁判员的主观能动性较大，裁判员会选择符合自己审美要求的参赛者，当裁判员A喜欢力量型的强壮运动员，裁判员B喜欢线条优美的运动员时，就会出现由于裁判员的喜好而出现的评判偏差。而类似健美操、艺术体操、花样滑冰等对动作结构和动作难度有具体的判分细则的项目，评判标准会更加客观和准确。除此之外，当今体育舞蹈并没有在世界范围得到广泛认同，具体的分类标准没有很明确的界限感，因此，该项目还有很多值得改进的方面。

目前，我国的体育舞蹈很多赛事规则仍采用旧标准，列表不够翔实，对比赛选手的竞技能力和综合素养的评判过于主观，7名裁判员要在一支舞曲的限度内，在没有量化指标的6条外延规则的大背景下，写出具体的评分，选定比赛名次的前后排列。这样的裁定会导致裁判员的自由裁量权过大而表现出无序，会因自由度过大造成评审结果出现差异。

体育舞蹈比赛分为预赛、复赛、半决赛、决赛。在对抗性活动中，规则是决定公平性、规范化和科学化的重要考量，通过规则的约束去完善项目本身是项目科学化发展的必经之路。而对于表现难美性项目，怎样做才能保证体育舞

蹈规则公平是需要研究的议题。比赛中，形体美是首要要求，女选手身形婀娜多姿、男选手健壮挺拔是线条和形体美的重要表现形式。腿部肌肉线条修长、肌肉健壮而有形、技术动作完成干脆、脚下重心稳定而扎实是基本的技术要求。第一是匀称的身材能让选手在注意下半身稳定性的同时控制上身的技术动作；第二是节奏是根本，是不能忽视的重要元素，节奏错则打分就无从下手；第三是男女配合的完美度和默契度，舞者如果只是相互拉扯则失去了基本的美感与和谐之美；第四是选手参赛套路，裁判员很难从头到尾去评判每一位参赛的运动员，如何在片段舞步中考察舞者的综合素养是一名裁判员是否合格的重要考量因素。

比赛中一支舞持续时长一分半左右，比赛选手可以通过音乐来把握节奏，而内涵、故事、情节在此项目中的重要性程度并不高。通过对评分标准的分析可以发现，裁判依据的评价维度包含基本技术、音乐表现力、舞蹈风格、动作编排、临场表现和现场效果。前三项评价的维度和考量因素是负责在预赛中选拔选手等级，而在半决赛中艺术能力也是需要考量的因素。在决赛时需要综合各项指标进行系统性、综合性的权衡和判断。标准是整体大于局部，音乐的基调需要与动作进行良好的配合，基本的动作规格和动作细节是必须要达到标准的。以定性为主的评判使主观化标准规范化，使裁判趋向于客观，使运动员辛苦的付出能够在舞台上得到公平的评价。

根据艺术体操这类表现难美性竞赛的细则，竞赛的评价维度包括难度、艺术性、完成度，同时竞赛细则也为评判指标设定了细则，从而最大限度地保证评价有效。而体育舞蹈项目评分改革是由于其主观性太强的弊端。其评判办法的改善可从项目特征出发，参考同类项目裁定量值，再融进本项目。在比赛中，采用艺术价值分、难度价值分和完成价值分均分值进行评价，可以有效降低主观决断权。由于同场竞艺中的舞曲时间有限，三个分数均分制更适用于体育舞蹈重大赛事的决赛。

三、快慢两极分化——速度特征

速度是人在最短时间内完成动作的能力表现。它主要取决于中枢神经系统的传递速度和肌肉的应答能力。对速度的追求是大多数体育项目的基本特点。在体育舞蹈中速度追求的是快慢两极分化。

（一）舞步速度的变化

在体育舞蹈比赛中，随着运动员不断提高竞赛套路难度，速度在舞蹈的变换和衔接中表现出重要的价值。强度在完成频率、速度和幅度上都能良好体现。体育舞蹈的技术特征内涵广泛，而速度是重要的技术要素之一。正因为体育舞蹈对速度的要求有其自己的特征，运动员在进行动作构建时需要对相应舞种的本质属性有深刻的把握。相对于快节奏的体育舞蹈技术动作结构，切分出的节奏会让运动员改编成延迟式的技术表现，快速的技术动作如火山爆发一般显示出强烈的突然性，一个动作的回旋和收放又如行云流水般柔和而顺畅。舞蹈画面既有动态的爆发性技术结构，又有柔和的回旋动作和回收的柔和，体现出哲学意义上的动静结合，动感与柔和交融。①

（二）音乐速度的变化

高水平体育舞蹈运动员追逐国际体育舞蹈发展的基本方向与潮流，将原有舞步一拍只行进一步的法则创新成一拍中切分成二至三步来进行，由此，动作步伐幅度加快了，动作元素变得更加密集，动作的可欣赏性变得更强，这都是不断创新和改革的结果。若将 20 世纪 20 年代的平稳音乐和当前丰富多彩的舞曲进行比较，十种舞曲中除了斗牛舞节奏是 60 ～ 62 小节 / 分钟外，其余舞种音乐变化较大，音乐节奏速度变得更加缓慢了，改变强调舞步音乐时值延长，复合的动作节奏为动作快慢的变化提供了更多可塑性。

四、极致的身体动作表演

舞蹈动作是肌肉记忆的表现形式，指的是原有动作通过识记记录下来，通过反复进行训练以达到娴熟。动作记忆是人对语言、体育、舞蹈等元素进行整合和优化的基础。记忆涵盖了识记、保持或遗忘、再认和重现的过程。肢体动作的记忆表现比较复杂和烦琐，需要对记忆内容进行加工以后用肢体动作表达出来。除了机械性记忆，还可运用讲解记忆、形象记忆、识别情绪记忆等途径，去建立脑部动力定型，形成条件反射，如此过程的反复具有长久性。职业舞者已经形成内隐记忆，如果将动作 X 看作基础动作，譬如走步、前进锁步、羽步等，这些都是稳固动作定型。内隐记忆更易进行整体动作结构的构建，更有利于对记忆内容进行固化保存，形成熟练的技术储备内容。高难度动作更是需要对基本功的高强度训练和比赛的历练，只有具备精益求精的训练态度，越挫越勇的比赛态度，才能够在精细动作的训练上对自己严格要求，不断对动作的细节进行精雕细琢。

---

① 段新婷：《高校舞蹈形体教学中体态美的训练方法分析》，《尚舞》2021 年第 11 期。

形体表现是舞步的直观展现，舞步能够使全身关节得到锻炼，动作延伸时，将肌肉的延展抛向远端，身体素养得到提升，身体线条会更加修长、健美，具有更强的观赏性，这样展示出的空间感、音乐的掌控感更加强烈。这类动作也对韧带弹性有提升和促进作用，使动作变化爆发力增强，肌肉也会变得修长而富有弹性。如果将舞蹈看作是直线，那基本的体育舞蹈动作步伐就是直线上分布的点。根据舞种的不同，体育舞蹈的基本步伐成为区分舞种的重要元素与特殊要素。人和人、自然与社会、人与社会间达到的协调统一状态是和谐美的具体体现。舞蹈中的男女和谐关系是社会关系的映射，当体育舞蹈中进行表演的舞者能够达到默契和协调的状态时，它表现出来的美感就油然而生，如体态和谐、服饰和谐、动作和谐、发力和谐等基本元素的协调是表现出美感的基础要件，一旦这些要件达成相应标准，美感就逐步展现。

五、强烈的情感抒发

舞蹈是在抒发舞者的感情要素，感情在表现手法上更多关注如何以写意手法展现出鲜明的形象，从而提取积极向上的生活价值观。舞蹈不限于体育舞蹈，任何舞蹈形式都是利用艺术表达情感的优良表达途径与方式。而体育舞蹈的特殊性在于和其他体育运动项目相比，体育舞蹈可通过脸部表现、眼神、动作变化等肢体语言去表达复杂而细腻的情感体验。身体语言作为最早的行为语言，是表达思想和烘托气氛的强有力的武器。

音乐是打开人心扉的媒介，体育舞蹈背景音乐是情感表达的基础性铺垫，是赛场上的基本艺术元素，舞曲总在开始部分加入吸引眼球、令人耳目一新的动感音乐来作为情绪表达的基础，也为整个舞曲的情绪表达奠定基调。前奏部分包括眼神、肢体交流，只有在前奏开始后统一步调，做到心有灵犀、协调一致才能完整地表达舞曲的精神内涵和细腻情感，有些动作并不需要音乐参与。虽然音乐内容和旋律有随机性，但是体育舞蹈的十项舞种节拍有其基本的稳定性和常规性。比赛音乐由赛事主办方编排，不具备提前选择的可能，音乐唱响时开始比赛，这时就需要运动员根据舞曲进行应变，迅速判断风格和情感底蕴，用自己擅长的技法与舞伴配合，表达出音乐需要表达的情感体验和动作风格。

六、综合展演更精彩

体育舞蹈竞技比赛综合性展演优势非常明显。党的十一届三中全会以来，通过几代人的持续努力和付出，体育舞蹈比赛越来越国际化，以至于一年中各式各样的比赛在全国各地全面开花，各种赛事开展得如火如荼。

体育舞蹈场地长 23 米，宽 15 米，一般采用地板或塑料地板拼接，基本要求是地面平整，不能反光，实木且防滑，四周有界限作为标志，大多采用比赛赞助商的横版为基本的挡板。摩登舞对双方服装有比较细致的条款限定，男士应着燕尾服，女士长裙应不过脚踝，男士燕尾服为黑色或是深蓝色，颜色艳丽的燕尾服多出现在舞蹈表演中。由于摩登舞宫廷味道足，且动作起伏变化非常剧烈，特别凌乱的动作编排会使运动员动作的表现能力下降。因此，女士服装常采用伸缩性强的莱卡（Lycra）材质，注重颜色的艳丽性，剪裁突出身材的完美曲线。拉丁舞服饰更加多变，男士拉丁服多具有拉美风情，在男士、女士服装上会加入亮片、假钻，也会根据服饰剪裁制作耳环、发饰去呼应相应的风格，服饰的选择与运用在表演中也会占到一定的评定分数，得体而具有创新性的服装会让评委眼前一亮，也会增强运动员的自信心和表现欲望。

黑池舞蹈节创办于 1920 年，以后每年五月的最后一周，在英格兰北部的湖滨小镇黑池，都会常规性地举办一次舞蹈节，规模盛大，人们通常称之为"体育舞蹈界奥运会"。这样悠久的历史，让每一位观众和参赛者都为该舞蹈节深厚的历史文化底蕴所折服，展现了其巨大的文化影响力和辐射能力。而这样一项具有世界影响力的盛会，对主持人的要求比较高，主持人不仅需要有良好的临场反应和睿智的头脑，还需要非常了解体育舞蹈的各种形式，在主持过程中能够把体育舞蹈的文化介绍给来宾和媒体。主持人需要对竞赛进行全局把控，主持人的重要作用是使比赛更具观赏性，使观众融于欢快的比赛气氛，主持人还要处理现场不可预料的突发状况，调动观众的情绪，使氛围轻松、欢快、激情、正能量，使观众享受舞蹈的文化和魅力。体育舞蹈比赛通过前期筹备，包括对赛场效果的预设和灯光调控等各项准备工作，使舞蹈魅力展现出更多的可能性。譬如，绚丽多变的灯光为选手造型增强展现的维度，可更好地表现作品的情愫，使舞蹈的综合展现具备良好的表现力和美感。

七、艺术表现力丰富

对于体育舞蹈从业人员来说，诗性内涵的表达要深入理解音乐的文化底蕴与审美情趣，通过动作表达传递想象力和文化要素，产生让人心动的有内涵、有情感、有深度的舞蹈。舞者所展现的动感动作元素是任何静态动作结构都无法比拟的。拉丁舞的比赛细则中有这样的条款：舞者要在 1.5 分钟的动作结构

及其要素的表达中，展现精准步伐和身体表现维度下的神韵，用临场发挥来交流深度的情感和传递文化特质。作为表演艺术，舞蹈者的表演意识首先要充满想象力，通过对舞蹈元素的理解和表现，在舞步的交流中产生情感传递。舞者在对不同风格的动作的展现和表演中，表达方式包括了神情、神色、神采，一些细腻的眼神和肢体动作对表现力的影响非常大，可以达到对现场氛围的烘托和营造。①

体育舞蹈是身体语言表达的竞争，舞者需要利用身体进行艺术内涵的表达。舞者的面部表情能表现快速而复杂的情绪转换和各种状态的精神面貌，这些带有感情色彩的肢体表达是彰显舞者个人魅力和表现对舞蹈理解的最佳形式。譬如，桑巴舞具有非常强的表现力和热情奔放的细腻情感表达与审美情趣，艺术表现往往非常热烈而实在。由于体育舞蹈的西方血统，舞者在对音乐和动作的理解上表现出洒脱，与之不同的是，民族舞、芭蕾舞就不如桑巴舞表现得那么激情，它的感情内敛而含蓄，这样的独特性也使得体育舞蹈更具观赏乐趣，更加贴近生活和艺术的本真。

第三节　体育舞蹈竞技运动的核心价值

一、生物学价值

心率变化在 120 ～ 140 次 / 分被称为最佳健身心率区间，生理学实验也证明，心率变化在 120 ～ 140 次 / 分之间，身体各组织都能得到充分的血液供应，代谢状态良好。经研究发现，恰恰、华尔兹、探戈三种舞的最高平均心率分别为 145.2 次 / 分、142.8 次 / 分、142.6 次 / 分。据学术界竞技运动负荷价值理论可知：对于健身者而言，以上三种舞蹈对强身健体的人群极具生物学价值。加拿大学者利格曾对 22 名女大学生进行了 2 分钟牛仔舞步测试，测试后的综合统计表明，舞者可达到 210 次 / 分的最高心率，最低心率为 187 次 / 分，并且通过进一步的测试发现：进行牛仔舞步锻炼时，舞者可达到最大耗氧量的60% ～ 70%。

---

① 汪俊、陈翠萍：《论情感表达在体育舞蹈中的价值》，《红河学院学报》2021 年第 3 期。

二、心理学价值

体育舞蹈不仅可以强身健体，还可以将肢体动作的语言作为思想和感情表达的工具。通过对不同类型的体育舞蹈的演绎，舞蹈搭档在优美音乐的指引下进行交流，可以暂时忘却生活中的不愉快，获得良好的情感体验。体育舞蹈的近距离交流可以拉近人与人之间的距离，化解隔阂和矛盾。在优美的旋律和具有美感的动作渲染下，体育舞蹈参与者的心理素养得到了提升。在动感、欢快的音乐中，人的积极心态被唤起，很多抑郁者在体育舞蹈的氛围中变得不再孤僻和不合群。

三、美学价值

体育舞蹈集体育、舞蹈、音乐和美学元素于一体，其基本特征表现为规范性、艺术性、健身性和观赏性。体育舞蹈属视觉表演的艺术范畴。在视觉表演中，观众的感觉是由各种无意识的情绪组成的纷繁复杂的网格结构，而不是单维的美感体验。体育舞蹈中的细微表情、创新动作或独特造型，可勾勒出体育舞蹈的美学理念与美感表达。同时，多维度的美学表达赋予体育舞蹈美的欣赏价值，使其更加富有文化底蕴与审美情趣。无论是观看还是亲自参与比赛，都能感受到体育舞蹈无穷的魅力和审美情趣。

四、服务价值

体育舞蹈的服务价值表现在以下几方面：一是服务社会。开展体育舞蹈活动和各种形式的体育舞蹈比赛，可以加强以社区、家庭、学校为主体的体育参与体系，为全民健身和社会的和谐与稳定做出贡献。二是服务大众。通过宣传推广体育舞蹈文化，调动公民参与体育舞蹈的积极性，提高锻炼人群的身体机能与素养，增强锻炼者之间的情感交流。三是服务广大消费者。根据消费者的个性化需求，量身定制适合个人健身的体育舞蹈锻炼形式和锻炼计划。总之，体育舞蹈服务价值在对美好生活的追求中更显重要性，我们要将体育舞蹈的服务价值充分挖掘出来，以此提升体育舞蹈的服务价值。

第四节　体育舞蹈竞技运动价值的实现路径

一、遵循制胜规律并把握规则导向

体育舞蹈竞技运动要实现其价值，需要遵循制胜规律并把握规则导向。具体表现在以下几个方面：①把握体育舞蹈的比赛规则及其国际化发展趋向，深刻理解其作为表现难美性项目的制胜规律，了解其本质属性和项目特征。②经过多年的比赛和训练相结合的有计划、有科学性的培养过程，形成完整的人才培养周期。③提高参赛选手的人文素养、艺术修养、审美情趣，掌握不同体育舞蹈类型的风格特征，了解其本质特点，将对不同舞蹈类型的理解融入动作，提高舞蹈与音乐的契合度。④开展国际范围内的体育舞蹈交流，深刻把握其规则的风向标，使我国选手在国际大赛中更加具有底气和主动权。

二、体现中国特色

每种类型的体育舞蹈都有国际统一标准，但由于不同民族的风格特征、生活方式、风俗习惯存在着各种各样的差异，体育舞蹈表现出来的特色也就不同，如英国舞蹈风格表现出稳重优雅，法国舞蹈表现出灵动，德国舞蹈表现出热烈而欢快，美国舞蹈表现出自由、活泼、奔放，阿根廷舞蹈表现出强势而健康积极向上。因此，对于中国运动员来说，也应有自己的风格和特点。形成中国特色的体育舞蹈风格，需要具有中国与其他国家不同的明显标志和要素。打造具有中国特色的体育舞蹈发展之路，必须紧紧把握中国国情和中国人的身心、思维模式差异后再逐步构建。正如中国奥运优势项目的历史轨迹一再表明，体育舞蹈要想在世界舞台上有自己的一席之地，不但需要遵循运动项目的制胜规律，而且要打造自身的优势，形成符合中华民族发展的策略，走自身独特的发展之路。

（一）中国传统文化对体育舞蹈发展的影响

体育舞蹈进入中国80多年来，逐步形成了自身的发展方略。在亚洲，我国已成为体育舞蹈强国，中国人已出现在体育舞蹈世界舞台上。所以中国体育舞蹈要有自身的特色元素，而不是重复和模仿其他国家。中国体育舞蹈应该回归中国传统文化的独特魅力，用肢体语言来进行诠释与展现，彰显中国文化的特质与优势。譬如，乒乓球源于英国，但传入我国以后，我们对它的技术结构和元素进行创新，不断构建了属于中国的特色技术。我国体育舞蹈在刚刚发展的起步阶段，遵循的是模仿和仿制的道路，没有太多的创新和特色。而在未来的技术动作构建中，我们需要在遵循体育舞蹈自身规律的基础上，不断构建自身的特色，形成中国独特的发展之路。

中国体育舞蹈群舞的编排和创作与中国传统文化相结合是体育舞蹈走向世界舞台的必经之路。在舞蹈中融入民族文化的精华部分和特质元素，可以提升其表现的吸引力和感染力。音乐可以采用中西音乐元素的融合与创新，使音乐的搭配让人耳目一新。这些都会给观众带来跨越中西文化的穿越即视感。因此，双人体育舞蹈需要融入民族传统文化的舞蹈元素进行设计和创新。通过将传统文化的艺术元素与西方体育舞蹈结合后进行的编排与创新，体育舞蹈可进一步打造具有自身特色的技术动作结构和特殊元素，从而使中国体育舞蹈走出具有自身特色和优势的发展之路。东西方文化的发展路径有不协调之处，如身体意识和哲学理念的融入与解读，又如冥想、气功、瑜伽等具有东方文化底蕴和元素的运动形式，已经逐步具备对身心稳定性进行逐步改造的内在功底。因此，在体育舞蹈的创编与融入中，我们可以构建具有中国文化特质的多元文化。

（二）竞赛发展的中国特色

体育舞蹈作为具有西方特色的竞技运动，在中国的发展需要从多个维度进行努力，这一事件的设定具有战略价值，符合中华民族伟大复兴的发展之路。体育舞蹈属非奥竞技运动项目，面对的是参赛队伍水平参差不齐的现状。因此，在本项目的发展路径上，不能按照以前中国优势项目的发展方略，应采用较低水平与较高水平齐头并进的发展方式，这种方式更适合体育舞蹈在中国的推广与传播，更有利于体育舞蹈的可持续、健康发展。

三、提升竞技运动舞蹈科研水平

体育舞蹈非中国原创，中国要想有所作为，并非一朝一夕之功，而且也不是经过短时间的创新就可以达到世界领先水平的，需要加强科研水平，研究其制胜规律和特定的训练方法。很多裁判员、教练员、高水平运动员并没有花费太多的时间去研究体育舞蹈的发展路径，以致体育舞蹈的发展处于自由发展状态。在80多年的发展历程中，中国虽然一直是该项目的亚洲强国，但仍处于项目的发展瓶颈，因此要想获得更好提升，就需要在总结归纳历史发展经验的

基础上，不断进行创新和拓展。中国不仅要研究体育舞蹈起源，还要注重基础技术动作的元素、舞蹈魅力的展现方略、舞蹈感觉的提升技巧等训练方法和研究手段。科研水平的提升将为体育舞蹈的发展提供助力，有利于体育舞蹈的腾飞与实质性发展。

四、建立科学的训练体系

我国著名学者田麦久先生曾提到，竞技运动训练科学化不仅指短时间内提升运动水平的过程，即运用科学理论、方法对训练全程进行组织，从而实现目标的过程，它也表明特定的水平，这意味着教练员和训练团队需要有效地控制训练过程。

多年来，我们已经习惯了补短板，在竞技运动能力结构中寻找竞技能力相对欠缺的要素。但由于缺乏辩证思维，没有理解和掌握唯物辩证法，没有强调两点论和重点论的对立和统一，没有反对一点论和平衡论。在操作中往往只抓住了矛盾的次要方面，没有抓住竞技运动项目训练和竞赛的本质内容。这些原因直接导致我国运动训练的非科学化和运动寿命较短。练什么、怎么练、练多少是运动训练科学化的基础要件命题，这是经过长期的讨论和研究却一直没有解决好的问题。诚然，竞技运动项目确实有具体的差异性，但是，各个运动项目间的训练依然会有一些共同点。这需要教练员长期的训练经验的积累和科学化训练知识的掌握与实践，并在实践过程中不断总结与归纳。

随着科学化训练的不断推进，训练负荷量和专项化的训练理念与技巧不断深入发展。科学训练已成为突破瓶颈的方法，是不断在训练理念和训练成绩上取得突破的必经之路和良好途径。高水平的教练员往往有目标非常明确的训练计划。每次训练过程不仅包括热身和放松训练，也包含各种难度动作训练的手法和技法的训练。国际高水平选手每天的训练时间都在 3 个小时以上，最多的达到 10 个小时及以上，有的选手还加入了专门的心理辅导和难度动作的细节把握，定期对身体机能进行检测，对自己的生理、生化指标进行更加准确的控制。

五、重视人才培养，加强人才梯队建设

（一）科学选材体系的建立

目前，我国体育舞蹈运动员选材存在较大问题。在运动项目选材中，不仅要考虑运动员的身体素质和外在表现特征，还要从运动项目的特征出发，将该

运动项目的核心指标作为运动员选材的重要因素。气质类型作为人格的重要心理特征，是在后天形成的、以生理素质为基础要素通过生活实践逐步构建的，它是人的心理活动在认知、情感、言语方面的行动特征。这种动态特征反映了心理活动的速度、强度和稳定性。心理学上，通常将气质划分为多血质、胆汁质、抑郁质、黏液质。根据气质类型，相同气质类型的运动员有其特定的行为特征和心理状态，因此在运动员选材时要将气质类型筛选作为重要的权衡指标之一，以提升后备人才的质量。有针对性地结合运动员的具体天赋，匹配摩登舞和拉丁舞的相应舞种，并且在现今体育舞蹈运动员选材现状下，按照运动员气质类型进行选材，进行专业选择，正是体现了其科学性，有利于我国体育舞蹈的进一步完善和提升，对国际体育舞蹈的发展也有积极的效应，使这项备受人民群众喜爱的运动项目离奥运更近了。

（二）后备人才培养体系、选拔制度的完善

体育舞蹈是专业性很强的竞技运动项目，需要长期艰苦的努力，需要抓住运动员生长发育的敏感期。很多选手在参加大型比赛之前，没有经历过长期的磨砺和提升，临近大型赛事时，对体育舞蹈运动员中的佼佼者只是进行短期培训以后就投身到国际赛场，这样的短时间集训并没达到竞技能力提升的效果。我国高水平运动员的详细数据和具体信息数据库的建设多集中于收集艺术院校和体育高校的优秀选手，如北京舞蹈学院、北京体育大学、上海体育学院、广州体育学院、广州艺术学校等。显而易见，建立科学化、专业化的人才队伍是保持运动项目长期稳定发展的重要手段。一方面，要加大宣传力度，让更多的人来加入人才队伍的建设，使家长愿意带孩子来参加训练；另一方面，完善体育舞蹈协会的训练体制、考级和比赛的常规化路径，形成学习和竞赛的氛围，为我国培养青少年后备人才队伍的梯队提供强力的保证。

（三）加强我国体育舞蹈裁判员队伍的建设

中国现有裁判员在数量和水平上都需要进行提升和完善。我们必须加快培养裁判员队伍的素养和能力。至于队伍质量建设，我们需要在"内部培养"和"外部引进"两方面进行融合，加快跟上信息化、专业化发展的时代步伐。对于裁判员来说，其身份的多样性是影响公平性的因素，而裁判工作是保证比赛可持续、良性发展的关键要素。因此，裁判员应不断加强专业学习、丰富知识结构、提高文化水平、参加社会实践、增加人文素养、加强职业道德，为裁判员队伍的健康发展做出贡献。同时，体育行政部门或协会在选拔裁判员时，要考虑裁判员的实战经验、知识水平和敬业程度，使综合素养较强的裁判员能够

脱颖而出，以保证比赛的公平、公正，确保比赛质量的不断提升。

六、普及推广和高水平选拔相结合

（一）完善管理体系，规范队伍建设

2002 年 4 月，国际体育舞蹈联合会获得国际奥委会的认可，体育舞蹈成为世界综合赛事。在中国体育舞蹈联合会领导下，体育舞蹈队伍开始不断发展，竞赛和理论建设得到了完善和提升。在竞争方面，中国体育舞蹈的竞技水平近年来有了较大的起色，在亚洲独占鳌头，中国选手逐渐与世界优秀选手站在同一平台上，然而，中国体育舞蹈队伍要想跻身于世界一流体育舞蹈队伍的行列，就要在训练和竞赛方面不断加强历练。因此，国家高度重视体育舞蹈的可持续发展，在财力、人力上给予支持，定期从国外聘请优秀选手来传经送宝，经常派选手出国历练，观摩比赛，积累经验，做到"请进来、走出去"，积极参与国际性体育舞蹈比赛，真正实现资源整合。

（二）重视高校体育舞蹈专业与运动队建立

近年来，青年运动员在国际体育舞蹈比赛中不断取得优异的战绩，但高年龄组却没有取得好成绩，造成这一现状的主要原因是体育舞蹈运动员流动性非常大。学生毕业、搭档拆分、经济支持等因素都可能成为体育舞蹈运动员退出舞台的重要原因。进入职业院校只是部分体育舞蹈运动员能够达到的理想状态。如果没有高水平的训练和常规化的赛事，很多优秀的选手可能会出现水平下降、自信心受挫等情况。因此，加强体育舞蹈后备人才规划和管理，考虑依托专业院校建立舞蹈队，从优秀选手中选拔出年轻人进入专业院校或普通舞蹈队，是解决部分选手训练问题的有效途径。

（三）重视体育舞蹈学校发展

目前，国内外绝大部分的舞蹈院校都是私立性质的，或者是附属于公立学校，本质上是私立的。综合来看，只有俄罗斯和中国有系统性进行训练和比赛的专业学校。体育舞蹈进入中国 80 多年，发展非常迅速，参与者从老年群体到青少年，学习群体的规模非常大。其重要原因是第一批体育舞蹈爱好者成了非常好的老师和引路人。由于发展的周期不是很长，缺乏管理经验，这些专业学校的良性经营还需要进一步统筹和谋划，才能够促进该项目的持续健康发展。舞蹈学校规范、专业的建设，将会培养更多优秀的学员，成为不断推进中国体育舞蹈发展的重要有生力量。

（四）对业余体育舞蹈爱好者群体的重视

体育舞蹈的全民健身功能和比赛价值相辅相成，该运动项目有利于健身、易于开展、老少咸宜，不需要任何器材，在平整的场地上就可以开展。据不完全统计，中国有近 7 000 家体育舞蹈俱乐部。此类俱乐部优先培养孩子，正在大面积培养体育舞蹈未来的希望。每年有很多选手在报名考试中被专业院校录用，进入专业院校，为体育舞蹈提供了后备力量，也让中国体育舞蹈有了更多参与者。2013 年全国体育舞蹈锦标赛第一次设立女子单人项目，标志着体育舞蹈的发展进入新的历史发展轨道。目前我国体育舞蹈的主力军是女团，男子参与人数要远远少于女子。所以很多女子项目很难找到适合的搭档，进而阻碍了我国体育舞蹈的健康可持续发展。从全国各级比赛的实际参赛现状来看，大部分比赛都设立了女子团体和女单项目，为体育舞蹈爱好者提供了训练和比赛平台。我国体育舞蹈的开发和拓展应同时朝着大众化、专业化的双路径进行推进和传播，让更多的人从内心喜欢上这项竞技项目，将体育舞蹈作为他们的终身锻炼项目。通过这个项目，还可以提高锻炼者的身体机能和审美能力，进而提高锻炼者的综合素养。大众化是人才积累的重要路径，是培养潜力股、发现人才的优良路径。显而易见，体育舞蹈的业余化发展为专业化发展做好了良好铺垫，为项目的可持续发展奠定了坚实的基础。

七、国家政策支持，文体强强联手

体育舞蹈在我国属新兴竞技运动项目，与之相关的协会主要有两大协会即中国体育舞蹈联合会和中国国际标准舞总会，俗称体育口和文艺口。两大协会分别对各自协会的训练和赛事以及运动员、会员、少儿等级考试，对教师的培训和资格认证进行管理。对于中国的体育舞蹈或国际标准舞两大协会，只有实现两者之间的协同和配合，才能形成良性循环，让全国选拔赛冠军和优秀的竞技者参加世界大赛，实现人才的合理利用，促进该项目的健康、有序推进和传播。

八、国家相关政策的导向和促进作用

体育舞蹈的参与者都是出于对体育舞蹈的热爱而进行长期艰苦的训练和比赛。鉴于其业余性质，取得成绩需要长时间的人力、物力、财力的投入，并且不一定能够达到预期的效果，这在很大程度上抑制了更多热爱体育舞蹈的人士的热情。基于体育舞蹈的综合性，其不仅涉及体育学科的基本规律，还涉及舞

蹈、音乐、美学、生理学科，这也就对人才的质量提出了多维度的具体要求。

在此背景下，体育舞蹈的发展需要争取政府部门的支持，从赛事的规范化和系统化的角度，对全国体育舞蹈锦标赛、全国分站积分赛、全国青少年锦标赛以及各省市的锦标赛进行系统构建。同时，也要根据市场和社会需求寻找发展机会，努力使项目管理、运营依靠竞技运动项目自身的吸引力和感染力去适应市场发展，从而不断发展壮大。

第七章　蹦床竞技运动的价值

第一节　蹦床竞技运动的发展历程

蹦床是一项集刺激性和观赏性于一体的表现难度和美感的运动，属技能主导类运动，被人们形象地称为"空中芭蕾"。现代蹦床源于法国，杂技演员用麻绳做成具有保护作用的防护网，时刻关注"空中飞人"的位置和状态，利用网的弹性完成杂技动作。[1]1936年，美国跳水冠军乔治·尼森在车库里构建了原始的蹦床，作为跳水和转身能力训练的器械。后来他创立了尼森蹦床公司，今天的蹦床设备就是在此原型不断演变发展的基础上不断完善而来的。第二次世界大战期间，蹦床被用在美军飞行员和航海员的定位技能训练中，后来发现效果较好，这个项目逐步被固定下来。1947年，美国的全国业余体育联合会在得克萨斯州举办首届正式的全国蹦床表演赛；1948年，蹦床成为正式的竞技运动项目，被引进到欧洲；自1958年以来，英国举行全英蹦床锦标赛。1964年3月，首届世界蹦床锦标赛在伦敦举行，这成为该运动项目走向正规化发展的标志性事件。

国际蹦床联合会于1964年成立，瑞士成为该协会的总部。1998年12月31日，国际蹦床联合会并入国际体操联合会（FIG）。从1999年1月1日起，网上、单跳等亚类项目成为国际体育联合会的正式竞技运动，由TRA-TC负责。[2]就目前的情况来看，大赛分为网上个人、网上双同步、单跳、小蹦床四

---

[1] 王文生、项江:《世界蹦床运动的发展与竞技实力之变》,《首都体育学院学报》2012年第6期。
[2] 聂小燕:《蹦床运动发展现状的调查与分析——以安徽省为例》,《西安文理学院学报（自然科学版）》2017年第20卷第3期。

个基础的竞技运动项目。蹦床通常指网上项目，包括个人赛、团体赛和双人赛三个基本的赛事类型。

1997 年，国际奥委会宣布蹦床正式成为奥运会项目，2000 年悉尼奥运会上，蹦床正式进入奥运会大家庭。1997 年 11 月 12 日，国家体育总局发布《国家体育运动委员会关于在我国开展蹦床运动的通知》。蹦床在中国范围内被纳入竞赛项目的范畴，各省市积极支持，在全域范围内开始进行科学选材和系统化管理，蹦床竞技运动成绩开始有了起色。1998 年，首届蹦床裁判员培训班在福州开办，2002 年中国国家蹦床队成立。蹦床运动与跳水和体操运动有着千丝万缕的联系，蹦床的很多空中动作就源于跳水和体操，我国在跳水和体操两个项目上处于国际领先地位，因此，蹦床运动进入奥运会以后，我国迅速把这两个项目的技术结构优势转化为竞技实力的优势。2001 年在丹麦举行的世界蹦床年龄组正式比赛中，中国队获得 3 枚金牌；2003 年，中国队在汉诺威进行的第 23 届世界蹦床锦标赛上获女子网上团体亚军，中国的竞技实力可见一斑；2004 年的雅典奥运会中，黄珊珊经过艰苦的努力闯入决赛，获得女子网上个人赛的第三名，中国队的实力开始获得世界范围内的关注；2005 年在荷兰埃因霍温举行的世界蹦床锦标赛，中国队首次斩获男女网上团体冠军；2008 年北京奥运会，中国国家蹦床队获男女两枚金牌；2009 年圣彼得堡世界蹦床锦标赛，中国队精诚团结、不断开拓，经过艰苦的努力获得网上个人和团体两枚金牌；2012 年伦敦奥运会，董栋获男子网上个人赛冠军，陆春龙获第三名，黄珊珊和何雯娜分别获得女子网上个人赛银牌和铜牌；2015 年世界蹦床锦标赛，中国队积极参与各项比赛，参加了 10 个大项比赛，获 8 枚金牌，中国队成绩达到了建队以来的巅峰，这些辉煌成绩都是中国蹦床队辛勤训练、不怕艰难、勇于创新的结果，辛勤的汗水终于得到了回报。经过多年的创新与发展，蹦床已经在中国落地生根。要想保持蹦床运动的可持续发展，需要一代代蹦床从业者不断开拓创新，在纷繁复杂的国际化竞争中找到"方向盘"和"稳压器"，不断发展后备人才队伍，促进该项目的可持续、健康发展。

第二节　蹦床竞技运动的基本特征

一、蹦床项目的技术特征

（一）技术特点

蹦床由连续 10 个风格各异的筋斗构建，通过在弹跳网上起跳来获得完整高度。规则规定，同一动作在一套动作中不得重复。不同动作的确定是基于四个基本的规则要点和要求：空翻次数、转身程度、转身阶段、动作姿势。蹦床项目是基于动作难度、优美程度和稳定程度的竞技运动。作为独立竞技运动，它在动作的完成上有自己的规律。其技术可分为垂直起跳、腹抛、背抛、坐抛、空翻、转体、水平转体和空翻。垂直起跳、空翻、旋转、空翻旋转应用广泛，其次是腹弹、背弹。掌握坐位技术和水平旋转技术有利于自我保护。蹦床的个性要求之一是起跳的延迟和翻跟头阶段。蹦床单项动作由净压、起跳、翻跟头和身体姿势构建。蹦床动作有一周、两周、三周的单轴或复轴翻筋斗和不完全翻筋斗。[①]

（二）节奏和韵律感

节奏是动作和动作间发力力度、时机和时间间隔的特定关系。准确把握节奏，有利于动作的完成，还能创造美感。蹦床节奏感包括内在节奏、动作间节奏、人与网节奏。动作内在节奏表现为翻转姿势的掌控、转身时机和速度、开腿时机等；动作间节奏表现在动作一致性、衔接流畅度、落点集中性等维度上；人与网节奏的和谐统一表现在通过压网和起网的配合以及弹性协同，来获得最大起跳高度上。要培养节奏感，教练员必须对蹦床的节奏感有领悟。通过多种方法训练节奏感，掌握好单个技术和连接技术，合理对成套技术动作进行设计编排，加大对运动员"网性"的培养和提升。

二、蹦床运动员的素质特征

（一）力量和速度

根据对蹦床项目特点的分析，蹦床运动员可通过起跳获得飞行高度，完成

---

① 谢琳琳：《陕西省蹦床运动的发展现状与对策研究》，《体育风尚》2019 年第 7 期。

弯曲身体、挺身、转身、展示等难度系数较高的动作元素。他们需要具备腿部力量（一定的相对力量和爆发力）和腰腹部、背部力量（爆发力和协调控制）。因此，腿部、腰部和背部的力量是蹦床运动员的重要身体素质。速度主要体现在起飞速度、弯曲速度、转弯速度和展示速度等维度。在所有动作要素之中，没有单腿运动，都是用双腿完成动作，运动员要在有限区域内连续完成高难度的空翻动作，并且着陆点集中。在发展力量素质时，要注意力量的一致和对称，防止由于左右力量不均而使动作失去协调和美感。

（二）耐力

从开始到第10个动作结束，一套动作需要30～45秒，其特点是无氧供能。所以该项目的专项耐力表现为无氧耐力。但其训练时间往往持续几个小时，因此，运动员有氧耐力（一般耐力）的训练也必须加强，它是运动员综合耐力的基础。

（三）协调性

蹦床运动员在网上完成起飞、在空中连续翻跟头，属高难技能表演。运动员需要掌握较多的技能储备，要求有较好的平衡和协调能力。由于协调能力是复合运动素质，在竞技能力的提升中，通过提高运动员的整体素质来提高其协调性。

（四）柔韧性

蹦床项目的柔韧性主要通过身体的紧绷和屈曲来体现。因此，前屈柔韧性尤为重要。同时，该项目对肩关节的柔韧性也有要求，肩关节和手臂在人体运动轨迹中起引领和平衡作用。另外，脚踝的柔韧性也很重要，运动员需要在柔软的网上完成全部动作，在压网中，随着网的下沉，运动员需屈膝，伸展脚踝，增加肌肉和肌腱的初始长度，准备踏板拉伸。在起网时，需伸直膝盖，弯曲脚踝，充分利用踏板拉伸力，获得最佳起网效果。因此，运动员不仅要有力量，而且要有柔韧性。

（五）空间定向能力和本体感觉

对于蹦床项目的运动员来讲，具有良好的空间定向能力是其明显特点。转身时机、位置和角度、转身程度和伸腿方向决定了难度动作的准确与否。因此，具备良好的空间定向能力是蹦床运动员的基本素质。本体感觉是分布在肌肉、肌腱和关节囊的感受器在感受到牵拉和关节伸展时产生的感觉。运动员在压网时对网的感知和空中铺展，取决于肌肉和关节的精细分化能力。因此，本体感觉在此运动项目中的重要程度不言而喻。

三、蹦床项目的训练特征

（一）蹦床运动员的一般素质和专项素质

一般素质训练是指通过各种训练，提高运动员的身体素质，改善运动员的器官和系统功能，改善运动员的形态，为专项素质打下基础。它涵盖力量、速度、耐力、柔韧、协调和敏捷。专项素质训练是指在一般素质基础上，采用与蹦床密切相关的练习，发展与技术直接相关的素质，以期在比赛中达到有效发挥的训练。特殊素质包括网上跳跃的高度、定位精度、一次完成动作的能力、完成高难度动作、完成整套动作。一般素质和专项素质应有机结合，实现一体化，将无效训练发生的概率降到最低。

（二）一般身体素质专项化

一般身体素质是指基本运动能力，涵盖速度、力量、耐力、柔韧、协调和灵敏，是运动能力的关键组成。专项身体素质包括：团体、弯曲、转身、展示的速度；跳跃高度和定位能力；腿、腰、腹、背部的协调；完成成套动作；肩带、屈曲韧带、踝关节柔韧；协调发力能力，空间定向能力。一般身体素质专门化要求在一般训练基础上进行专项训练，从而为技术的提升奠定基础。比如，在提升腿部力量时，结合蹦床跳跃延迟的特点，可在弹性板上连续起跳，也可在网上以连续30次定时跳跃的形式达到规格要求。

（三）专项身体素质技术化

专项身体素质技术化要求技术训练与专项身体素质相结合。专项练习选用蹦床动作或技术结构相似的动作，将蹦床运动员的特殊身体素质纳入训练，发展所需的特殊身体素质。比如，通过一周翻筋斗，运动员不仅可发展多方面的专项身体素质，还可以强化基本功，形成技术定型和条件反射。在训练中要求起跳强、飞得高、空翻姿势快、身体紧绷或弯曲、腿张开强、时机准确。开腿后两臂伸直，五指并拢贴在大腿两侧。通过完成不同难度的组合动作，提高运动员完成难度动作的能力。在发展专项体能时，也提高了技术的熟练性和稳定性。

（四）基本技术素质化

技术训练是指学习、掌握技术的过程，涵盖基础技术和高难度技术的训练。其中，基础技术是所有技能的基础，是掌握高难度技术的重要前提。它通过基本动作和基本难度动作来构建。基本技术要求掌握基本技术要素并与专项身体素质进行融合与创新，通过各种基本动作和难度动作强化专项素养。例如，通过30次连续起跳时机的基础训练，可以发展臂、腿相配合的跳跃技术，

或通过屈曲跳、分腿跳和各种纵跳组合，发展屈曲、展露和垂直起跳以及腿、腰、腹、背的力量。通过连续完成 10 ～ 15 个一周的空翻，能够使蹦床运动员的基本功（垂直起跳、空翻、转体、平行手等）和持续完成动作的能力得到最大限度提升。基础技术训练不仅能够提高运动员的技术水平，而且能够促进其身体素质的提高。

第三节　蹦床竞技运动的核心价值

一、技术价值

蹦床的动作和技术相辅相成、不可分割，所以在对蹦床技术进行分类时，主要是基于蹦床动作和蹦床技术在实践中的作用。从功能上来说，蹦床技术可分为两类：一是在比赛中需要掌握并努力追求才能取得好成绩的技术，即比赛常用技术；二是保证训练顺利进行，防止受伤的技术，即提高自我保护意识和能力的技术。

技术价值分析可分为两个层次，即整套动作层次和单项动作层次。

整套动作层次，也就是整套动作分析，主要需要进行动作技术连接和动作选择组合分析。从整体上考虑整套动作，也要分析整套动作的特征，比如，整套动作的时间、空间、时空，整套动作的轨迹，动作间的衔接。

单个动作价值层面是对单维动作进行价值分析，即研究其价值结构。本节对蹦床的单动作技术进行了分析，并从技术基础、技术环节和技术特征三方面构建技术价值结构。①技术基础：根据以上分析，蹦床技术的技术基础分为六个部分，即提网、空翻姿势、翻筋斗、展、落展、压网。其中压提网阶段涵盖用脚压提网和用腹部或背部压提网。其技术基础可进一步丰富表现难美性项目的动作元素。②技术环节：指技术基础的各部分或单元。蹦床竞技运动技术涵盖六个阶段，即提网、翻转姿势、翻转转体、展示、展示后下落和压网阶段。蹦床竞技运动技术环节研究主要探索这些技术在各个环节的能力提升策略。③技术特征：蹦床竞技运动技术特征指蹦床竞技运动的某个技术或某个技术的某个阶段特定的技术特点，其技术特征可为表现难美性项目竞技能力的提升提供参考和依据。

二、美学价值

辩证唯物主义认为：内容和形式是揭示事物内在属性与要求、具体结构和表现形式的一对基本要素。内容指构成事物的综合要素，是事物存在的凭借，形式是指内容表达方式。任何事物都有此两方面，要表现出完美的状态，就需要这两方面达到和谐与统一的状态，即内容和形式的统一。蹦床表现的核心结构和形式也有此要求。美有它的内容和形式，其内容是自由创作，形式是感性形象。内容和形式的辩证统一也适用于对美的阐释与建构。蹦床运动的美是内容和形式的和谐统一，是物体形式特征的感性的外在表达与呈现。

（一）形体美

蹦床项目具有很强的艺术表现力。形体美是蹦床的表现形式之一，既有自然美，也有社会性美感。人体的生理形态属于自然美，但人体必然会烙上思想和社会性要素，它也属于社会美。身体美要求通过人体的自然因素来展现和表达。人体自然因素是人体美的基础。基于自然属性因素的形体美是劳动的产物。就形体美的自然因素而言，主要是要求身体体态，也就是曲线美。社会性美感体现在：人的身体线条结合人的情绪和气质的美，通过形象和姿势让人眼前一亮，各种美感要素都展露无遗。身体美注重后天训练，通过训练，人体的基本形态更加协调、和谐、优美、动人。走、跑、跳、转、绕等过程中的体形美是基本的表达形式。蹦床形体美是人的良好基因遗传的呈现，是人的本质力量的确认和表达。形体美是视觉器官感知到的线条美感，以和谐与具备黄金分割比例的身体曲线和动作为特征。具有线条美感的竞技运动可以形成具备宽度和厚度的空间形态，动成一条线，动成一幅画，最后形成具有审美趣味的完整形象。

（二）动作美

动作美通过身体动作的完美呈现进行表达，受时间、空间、方向、速度等的制约。动作美是健康状态、器官功能、动作表达能力和运动气质在运动中的多维呈现，是一种动态美，它不仅来源于运动，还来源于日常生活中的锻炼。培根认为："外貌美高于色彩美，美丽优雅的人的适当动作高于外貌美，这才是美的本质。"形体美、体态美、动作美是动作美的基本构成要素。完美的形态和身体姿势可促进形象的完善，这反映了机体功能完善及锻炼的气质。在比赛中，运动员以高超的技巧、新颖的构思和优美的动作，充分呈现选手的柔韧、敏度、协调、速度和平衡，为人们描绘和谐画面，以流畅、大幅度动作和标准动作向人们展示动作美。蹦床的特点是各种技术要素和难度动作的多样、复杂

和优美。通过对位置、速度、层次和幅度的调整，构成了蹦床独特的风格和审美，使人产生沁人心脾、动感刺激、激动人心的欣赏感受。

三、健身价值

1.供氧能力

蹦床是非常有益的锻炼项目。蹦床竞技运动可促进血液循环，增强血液的携氧能力，促进锻炼者身体机能的提升。

2.预防疾病

蹦床的跳跃动作可促进血液、淋巴循环，从而达到预防疾病的效果。它还可以降低胆固醇和甘油三酯水平、预防肾结石、增强心肺功能、平衡血压、改善身体协调性、帮助睡眠等，从而提高人体的免疫力，降低发生重大疾病和癌症的风险。

3.预防或缓解肥胖症状

与其他常见运动相比，蹦床是一种更消耗热量的健身运动。有研究证明，跳十分钟蹦床消耗的热量相当于慢跑半小时消耗的热量。因此，长期坚持蹦床可促进新陈代谢，塑造优美的身体形态，减轻肥胖程度。

4.良好体验

蹦床不仅是很好的健身活动，也是令人惊叹的娱乐竞技。向往飞行是人的天性，这项竞技运动也是很多人童年的美好回忆，它可以让人体验在"空中飞行"的快感，所以蹦床有足够的魅力让孩子远离手机和电子游戏。

5.释放压力

蹦床是非常减压的运动。跳起来会让人忘记烦恼和忧愁。失重的感觉能让人愉悦身心，忘记不愉快。工作压力比较大的人可选择蹦床进行减压。它可以缓解快节奏的生活和工作带来的压力，降低抑郁情绪和不良心绪对自身的损害，促进劳逸结合，促成工作的高效率开展，提高练习者的生活质量和幸福指数。

第四节 蹦床竞技运动价值的实现路径

一、精准把握新规则，研究项目发展规律

规则变更是运动项目开发的先导，是技术不断创新的要求。得分规则的发

展和调整对运动员来说是非常重要的变更因素。量化最后两个周期的高度、时间和水平位移，并统计到综合分析中，对规则发展有深层含义。训练团队和技术人员需要尽快理解规则的实质内容和发展趋向，通过对自身优势和劣势的清醒认知确定今后的训练导向和指导思想。"高""美""稳""准""难"是蹦床需要体现的核心特质，只有完美体现核心特质，才能获得优异的成绩。要在了解规则基础上把握制胜规律和核心要素，结合蹦床实际实现科学化训练思想的构建与实施，提高训练效益，把国际规则的精神实质吃准、吃透，从要求的点出发，制定国内比赛规则，以规则为导向，充分发挥具体规则的激励作用，在关键环节上努力奋进，为训练和比赛提供坚强后盾，进一步指导我国蹦床后备人才的积极成长，努力达到或超过世界领先水平。

（一）完善动作质量

动作质量是蹦床项目生存的基础，也是蹦床项目保持可持续发展的基础，这是不容忽视的核心。在保证质量的基础上，追求难度和协调。随着规则的细化和改革，评分项目的主观性受到限制。作为主观性最强的评分，在现行规则下，扣分项逐步细化。运动员从起跳到落网的过程都经过了细致划分，细分了精确的推演标准，包括起跳角度、空中姿势、展示时间的长度等。这不仅需要良好的运动姿势，还需要正确的基础技术，而技术是质量的保证。从世界范围内的发展趋势来看，中国蹦床运动员的技术优势不如以前，许多其他国家的运动员在完成动作过程中，动作细节越来越完善。国内运动员更需要注重规范，在动作的"美""高""飘"上不断努力提升。尤其是男运动员，更不应因为难度而忽略动作的质量和美感。没有动作质量的技术难度和细节是没有价值的。

（二）加强难度储备

动作难度是反映运动员能力的指标，也是技术动作能否突出重围、鹤立鸡群的竞争性因素。器材的改进、难度值的提高、第一套动作中难度动作数量的逐步增加，都在鼓励运动员挑战自我，不断完成极限挑战。目前，中国高水平蹦床运动员的动作难度已接近世界最高水平。但国内大部分运动员的难度动作水平参差不齐，无法完全保证高质量动作的完成。男子整体情况略好于女子，女子身体素质有待提升。难度训练和提高需要在脚踏实地的艰苦训练中实现，来不得半点虚假。从单一动作到成套动作，做好难度储备是实施难度战术的物质条件和基本前提。

（三）保持稳中求进

稳定不仅指心理上的稳定，还涵盖了技术细节完成的稳定。新增的复赛和水平位移指标对稳定性提出了很高的标准。蹦床的不确定性是该项目的基本特征之一，运动员需要在较大的压力下完成细腻的动作环节和动作细节，这是对运动员综合素养的极大考验。飞行高度的增加，对整套技术动作的稳定性提出了挑战。身高是双刃剑，完成动作的次数多了，便会发生水平位移。运动员要处理好难度、技术、高度这三者之间的复杂关系，保证整套动作的质量和稳定性。在训练中，应根据运动员的素质特点和技术结构特点安排成套动作，提高动作的自动化水平。同时，需要准备替换备用组，根据赛时情况随时进行调整，以保证战术的及时实施。

二、调整训练指导思想，革新训练方法

在现有的规则基础上，要求裁判员在培训中发挥推进作用。对新规则深入学习，以提高运动员和教练员把握新规则的能力。赛后可反复观看比赛的视频，供教练员和运动员反思比赛过程，有针对性地提高技术薄弱环节。教练员和运动员需要深入学习评分规则，这样才能有的放矢，提高训练的实效性。对于表现难美性项目，运动员需要掌握制胜规律，提高训练效率。教练员要不断强化专业能力，将规则的指导思想运用到训练中，在训练方法上进行创新，一方面改进动作的细节，另外一方面改进动作间的结合水平，注重沟通，交流思想，不断提升蹦床项目的整体水平。此外，教练员应提高对"美"的鉴赏能力，有长远发展的眼光，提高自己审美情趣和发现美的能力。

学习新规则，掌握新规则，是对运动项目发展和训练规律的实战运用与提升。教练员和运动员对规则的漠视是制约自身发展的重要原因。因此，要完全吃透新规则，挖掘发展空间和运动员潜力，有针对性地为国内比赛制定新规则以适应国际规则的改变。

三、提高科研水平，注重发展创新

创新是表现难美性项目发展状况的核心举措，培养创新意识是当前蹦床发展的重要任务。我国蹦床水平处于世界前列，但面临着技术优势减弱，进入瓶颈期的困境。获得国际知名度的中国蹦床运动员很少，顶级运动员的行列也出现断层。国内蹦床训练还存在有待提升的方面。后备人才数量和质量都在弱化，综合体育素养较强的运动员很少，不足以打造优势局面。要想保证我国蹦床项目的可持续发展，不仅需要创新方法，还需要教练员和运动员文化水平的提升、科研成果具有含金量、管理体制创新、人才选拔机制的不断完善与

提升。

提高科研在训练中的作用，对蹦床项目规律进行更细致的研究，根据项目特点采用合适的训练手段，创新技术结构，提高训练成效。在运动员成长中，要注意制度和方法的运用，引导运动员积极向上、奋发有为、不断突破自身的身体极限。

四、扩大蹦床的社会影响力，面向市场

在后备人才培养方面，首先面临的是招生难，其次是招收的人才质量有待提升，这是蹦床项目开发中令人头疼的问题。目前，改革正在大踏步推进，蹦床作为相对冷门的运动项目，社会的关注度不够，还需要更多的人来关注这个项目的成长与推进。

五、全方位推进蹦床运动竞技实力的提升

教练员和运动员应该尽快了解和适应新规则对比赛和训练提出的要求，全面认真把握好训练的主要矛盾，提升比赛的获胜率。从技术角度出发，我们需要提高动作结构的编排水平、优化单个技术动作的细节、加强难度动作的储备数量、保持项目的竞技水平不断提升。

裁判员要吃透评分体系和细则，将理论与实践相结合，从要求的点出发制定具体规则，以得分要点为指挥棒，指导蹦床训练，进一步加强我国蹦床后备人才的培养，向世界高水平奋进。

随着《蹦床运动员技术等级标准》评分规则的完善，小蹦床被纳入分级，促进了公共和校园蹦床的不断发展，扩大了蹦床的社会知名度和影响力。该项目在得到推广的同时，也为蹦床后备人才的选拔提供了多元化路径，让学龄儿童有更多的渠道参与到提高体育素养的活动中来。

第八章　跳水竞技运动的价值

　　跳水是指专业运动员或练习者在一定高度上，登上跳水器械（跳板或跳台），在空中完成整套动作元素，以特定的姿势入水的水上竞技项目。跳水是历史悠久的奥运会项目之一。奥运会项目共有男子单（双）3 米跳板、10 米跳台、女子单（双）3 米跳板等项目。在世界游泳锦标赛中，还设有男女混合双人 3 米跳板、混合双人 10 米跳台和男子（女子）单人 1 米跳板等项目。

　　跳水来源于生活，它是将人体作为主要表现手段的社会美和形体美，它完美结合了静态和动态之美，把空中姿态的优美和壮美充分体现，同时它还展示了生物、精神和社会的多维角度的美感，并用它的美吸引越来越多的爱好者和习练者。①

　　跳水难度系数是用数字标明运动员完成动作难易程度的指标。国际跳水规则为跳水动作确定了具体难度的数字表达，它根据组别、项目（跳板、跳台）、器械、姿势和翻腾周数来具体标明。动作元素单一，系数就低；动作复杂且元素多维，系数就高。例如，3 米板 103 乙，标明的难度系数为 1.6。10 米台 307 丙，标明的难度系数为 3.4。对于同一动作，因器械高度不同，难度系数有较大的差异。例如，同是 405 丙，1 米板难度系数为 3.0，3 米板难度系数却为 2.7。国际跳水规则难度表上标明的最高难度动作为：3 米板 109 丙和 307 丙与 10 米台 109 丙，难度系数达到了 3.5。②

---

① 吴惠、赵歌：《美学视角下竞技跳水运动的文化解读》，《竞技运动》2011 年第 13 期。
② 膳书堂文化：《体育运动观赛必读》，成都时代出版社，2013，第 125-135 页。

第一节　跳水竞技运动的发展历程

跳水竞技运动发展的历史和人类历史一样源远流长。在古代，人类为了生存，在与自然的斗争中学会了游泳、跳水，并随着时代的发展而不断推进。跳水是体现难度和美感的综合艺术，但在过去，它不是真正的竞技运动项目，它是一项生产劳动或表达男子具有勇于突破和一往无前的勇气的竞技运动。[①]现在已经无法考究人类第一次头朝下潜入水中的具体时间，但有证据显示，今天的奥林匹克跳水比赛起源于古希腊。在意大利那不勒斯 2500 年前的古墓中，发现了运动员从高台上跳下的图画。在过去，从高处跳下的具体高台可以是山上的树木或者是大块岩石、悬崖或桥梁。截止到目前，最早的跳水活动图像出现在陈列在伦敦不列颠博物馆的花瓶上。在这个公元前 500 年的陶瓷花瓶之上，几个男孩头朝下进行跳水，表明当时已开展和推广了跳水活动。许多靠近江河湖海的国家也开展了跳水活动。据考证，16 世纪初的岛国印度尼西亚，当地渔民和采珠人在很早的时候就开始推广跳水。17 世纪，在斯堪的纳维亚、地中海和红海沿岸国家，许多工人、海员经常在海岸和桅杆上开展娱乐性质的跳水活动。

据考古学家考证，中国早在唐代就开始推广和培训专门的人员开展跳水活动；在宋朝，中国跳水技术达到了世界的领先水平。南宋孟元老《东京梦华录》（卷七）"另一个人把秋千翻过来，把平架和筋斗抛进水里，这叫'水荡'"。古代文献中的"空翻"与现代跳水元素中的动作元素具有很大的相似性。"内人稀见水秋千，争擘珠帘帐殿前。第一锦标谁夺得，右军轮却小龙船。"这是宋代王珪用来描写跳水活动的文化作品。可见当时的跳水活动不仅水平高，而且具有了常规性赛事的运作。早期的跳水活动是以高度来评价运动员水平的高低的，动作质量并没有体现在评价维度之中。

现代跳水是花式跳水在长年累月的不断发展推进中完善的。花式跳水源于德国。19 世纪，跳水在德国不断发展并受到了人民大众的热烈欢迎和参与。1870 年，德国体育家奥托·克鲁克在《游泳和跳水》中非常形象地向读者介绍了 110 种动作元素。1900 年，跳水在奥运会上亮相。瑞典运动员在奥运会上做

[①]　高峰：《现代竞技跳水溯源》，《南京体育学院学报（社会科学版）》2007 年第 2 期。

出的精彩表演，被认为是最早的现代跳水的呈现形式。1904 年，在圣路易斯第三届奥运会上，跳水被列为竞技项目，美国人德·谢尔顿获得冠军。1908 年，在伦敦第四届奥运会期间，水上竞技运动联合会成立，重新制定了规则，增加了跳板跳水，为跳水发展奠定了坚实的基础。

1920 年，第 7 届奥运会把女子跳板跳水列为正式的比赛项目，由此，跳水项目的设定开始变得越来越完善。在这届奥运会上，设有 5 个项目：女子跳台跳水、男女跳板跳水、男子 10 米跳台跳水、男子 10 米跳台双人跳水、女子跳板跳水。1924 年，第 8 届奥运会也有 5 个跳水项目，与之前不同的是男子跳台改为 10 米跳台规定动作和 10 米跳台自选动作。从 1928 年第 9 届奥运会开始，双人跳水被取消。截至今天，历届奥运会跳水比赛和国际跳水比赛都加入了男女跳板跳水和跳台跳水四个项目。除奥运会以外，世界级跳水比赛还有世锦赛和世界杯两项赛事。1973 年，首届世界锦标赛在南斯拉夫拉开帷幕。1979 年，国际游泳联合会也构建了两年一度的世界杯跳水赛的常规赛事。

2000 年，在第 27 届奥运会的比赛中，双人跳水被列为正式比赛项目，包括男子 3 米跳板双人跳水、10 米跳台双人跳水、女子 3 米跳板双人跳水和 10 米跳台双人跳水，共有 8 支队伍加入了奖牌的争夺。[①] 现代跳水和其他欧美竞技运动一同在 20 世纪初进入中国。1981 年，中国参加了在墨西哥城进行的第 2 届世界杯跳水比赛。首次参赛就取得了不错的战绩，一举夺得金牌 3 枚。1983 年至 1987 年的三届世界杯，男女队、混合队 3 个团体项目被加入其中，竞赛项目达到了 7 个。第 6 届到第 8 届世界杯期间，男子 1 米板和女子 1 米板两个单项被加入比赛项目之中，项目总数达到 9 个。在第 9 届世界杯上，男女跳水重新进入比赛项目名单。进入 21 世纪，中国梦之队在世界范围不断铸就辉煌，在 2000 年悉尼世界杯，中国队夺得 10 枚金牌，田亮一人夺得 10 米台、10 米台双人、男团和混团共 4 枚金牌的好成绩，中国的跳水实力可见一斑。自 1984 年参加洛杉矶奥运会以来，中国跳水队已累积夺得金牌数十枚，在各届奥运会的表现都非常出色，"梦之队"称号当之无愧。2017 年，中国跳水队获 2017 体坛风云人物年度最佳团队奖提名奖。

① 徐浩：《中国女子跳台跳水运动现状及发展研究》，《运动》2018 年第 16 期。

第二节　跳水竞技运动的基本特征

一、跳水项目竞技运动的特征

当今世界跳水技术是难度、美感和稳定性的综合体，跳水技术变得纷繁复杂。这就需要运动员头脑灵活、动作表达准确。对于"一秒艺术"跳水来说，每个准确、协调、优美的动作，不仅取决于运动员的身体机能和素质，还取决于其心理稳定性。在比赛关键时刻，心理素质起重要作用。因此，只有心理素质稳定的运动员，才能在赛中保持良好的状态，创造优秀的成绩。而且跳水需要表达美感和审美趣味，所以要求运动员协调性好、模仿性非常强。跳水器材高（3 米板，10 米台）、动作非常惊险，要求运动员有顽强的意志和奋勇向前的精神。跳水的技术特点是"难、快、巧、美、小"。中国跳水运动员吸收了欧美两大流派的优势，结合中国人特点进行查漏补缺，发挥出更加完美的技术水平。

二、跳水竞技运动的基本技术特征

显而易见，跳水基本功涵盖稳定、准确、合理、协调的衔接技术，清晰的节奏感，优美、协调、规范的姿势，合理、准确、直观的开跳，准确、伸展、清晰的入水以及自信、不怯场的心理品质。[①]跳水基本功涵盖了以下内容。

（1）稳定、准确、较高的起跳，起跳涵盖走板起跳、立板起跳、平台进近起跳、平台立定起跳、平台臂立定起跳。

（2）合理、协调、准确的连接，与起飞技术紧密相连，难以将两者清晰区分开来。要求强调各组起跳的协调性（准确时间、动作大小、用力）。

（3）优美、协调、规范的姿势（包含的姿势有 A 直体、B 屈体、C 抱膝、D 任意），其中对腿（含脚背）和各种手臂路线标准化是基本的动作标准。

（4）合理的空翻技术，包括空翻和翻筋斗及转身，准确完成跳水的要求相对较高。

---

① 周昕：《跳水运动员心理现状分析——基于山西省跳水队的实证研究》，《武术研究》2020 年第 12 期。

（5）精准的入水技术。以入水作为动作结束的信号，入水反映的是运动员专项技术结构和要素的把握能力，在评分中占重要地位，入水技术是运动员的重要素养。

三、跳水竞技运动的选材特征

跳水是线性竞技和复合竞技的结合。根据基本的生物力学原理，人体在翻筋斗时的转弯半径大，对翻筋斗有阻碍作用。跳水是克服重力的运动。身材高大不利于动作发挥。跳水注重造型美，运动员不仅要有良好的协调能力，更要善于表达。身材较为高大的人，动作幅度非常大，能表现伸展的动作成效，但不利于动作的整体美，所以身高需要适中。跳板跳水要用体重从跳板的反弹中得到板的高度，所以它不仅要求跳跃能力，而且要有适当的重量。因此，跳水要求运动员有较为优美的身体体形。此外，跳水运动员要适应不同的起跳方式，还要符合基本的动作结构，需要节奏感强，动作协调。

此外，跳水技术趋势是难度、美感和稳定性缺一不可的，这使跳水技术要从多维的角度加以推进。所以运动员需要有较高的运动素养。跳水比赛动作多，难度很大，技术性非常强。运动员要在训练中反复锤炼数千次才能达到理想化的技术标准和展现能力。比赛中每个动作只允许做一次，任何动作失误都有可能造成前功尽弃。"成败在此一举"的巨大心理压力常常使优秀运动员在比赛中发挥失常，可见，稳定的心理状态是高水平运动员的必备运动素养。

四、跳水竞技运动的空中动作特征

跳水的空中姿势分直体（A）、屈体（B）、抱膝（C）、空翻转体的姿势（D）。每个跳水动作都有自己的数字来表示动作组和全部的圈数。

1～4组动作中的数字都用3位数。第一个数字代表动作组；第二个数字代表飞行动作（如果第二个数字为"0"，则表示没有飞行动作）；第三个数字表示翻腾周数（以"1"为半周，"2"为一周，"3"为一周半，以此类推）。例如，"201"要表达的是：第二组动作，向后跳水，翻转的周期为半个周期；"305"表示第三组动作，反身翻腾，周期为两周半；"113"要表达的具体内涵是向前飞行，翻腾的周数是一周半。

在第五组中，第一位数字要表达的内涵是第五组（尤其是转体跳水）；第二位数字表示翻腾的具体方向；第三位数字要表达的内涵是翻腾周数；第四位数字意指轮换周数。在"5136"的这一组数字中，"5"意指第五组转体跳水，

"1"意指第一组向前跳水完成翻筋斗转体，"3"意指翻筋斗，"6"意指翻腾的周数达到三周。

五、跳水竞技运动的审美特征

跳水比赛（基于奥运会）由8个运动单项构建（男子10米台、女子10米台、男子3米台、女子3米台、男子双10米台、男子双3米台、女子双10米台、女子双3米台），项目纷繁复杂。虽然每个项目都有各自的规律，但审美特征差异不大。跳水之美是美的综合体，这种形式是运动员形体美、姿态美和各种动作美的呈现。

（一）跳水运动员的形体美和姿态美

运动员形体美是人们对跳水审美的第一印象，是他们在欣赏跳水时得到的感性认知，会影响对整套动作的审美情趣。身材修长（相对来说）的运动员会率先赢得裁判员的好感。那么，什么样的身材更符合人们的审美情趣呢？几百年来，相关的研究很多。从毕达哥拉斯学派到现在，人们已逐步构建了相对认同的共有认知和说法，即人体符合黄金比例是审美情趣的基本需求。也就是说，如果人体以肚脐为基本的中心分界点，上下比为0.618：1才符合基本的审美。另外，人体结构比例有3个黄金分割段。第一段是肚脐以上，黄金分割点在咽喉部位；肚脐以下的一段，黄金分割中心点在膝盖；上肢段的黄金分割点在肘关节。如果人体各部分的比例接近黄金分割，就会表现出美感。跳水运动员的身体形态特征：身高中等；适当的身体重量；上下肢比例协调；肩部宽度略宽，骨盆略窄，上体呈倒三角；上肢、下肢、小腿、跟腱相对较长；大腿表现较长，大腿围和小腿围表现中等。此外，女跳水运动员也表现出明显的曲线美。另外，胸围：由腋下沿胸部的上方最丰满处测量胸围，占身高的1/2。腰围：量腰的最细部位，腰围较胸围少20厘米。髋围：在体前耻骨平行于臀部最宽部位，髋围较胸围多4厘米。因此，满足上述比例和特征的运动员往往在比赛中能够占有优势。

跳水运动员的姿势主要包括赛前、赛中和赛后姿势，尤其是比赛中的姿势。身体姿势的变化是跳水美的主要表达形式，贯穿于运动始终。由于具体的技术要求，完成动作的姿势具有差异性。但是，只有姿势符合审美标准，准确、协调、优美、大方的表现特点才能够呈现出来。

（二）单人跳水的审美欣赏特征

奥运会跳水分两类：跳台跳水和跳板跳水。跳台跳水和跳板跳水技术的要求不同。跳台主要是利用自身的跳跃力，而跳板动作除了跳跃力，还需要板的反弹。由于平台的动作节奏和高度不同，在动作衔接、空中姿势和技巧、入水准备等方面都有差异，但入水技术基本相同。在现代跳水比赛中，男女运动员的动作差异不大，审美维度的差异在缩小，因此不再按男女项目的区别来阐释。

1. 走板（台）方法和起跳方式的不同是审美的开始

助跑多用于跑步跳水，也叫走板或跑台。运动员站在跳板（平台）后端，沿直线行走。最后一步以一脚起跳结束。由于特定的目的，这种方法不仅需要速度快，还需要欢快的节奏，步幅和节奏需要逐步加快。整体而言，该方法需4～6个动作要素。步数、步幅、步频因运动员的具体情况而有所不同。运动员大多是根据自身素养来决定相关的技术参数。跳板一般采用5步进行。跳台比跳板跑得更多而且更快。观众的欣赏角度是看运动员是否能自由行走，步伐能否达到协调、稳定；头部和身体直立程度；手臂摆动协调程度；助跑（跳）是否协调和轻松自如；跳步与反弹之间时机的把握是否恰到好处，是否充分利用跳板的弹性达到一定的反弹高度。

起跳指运动员踏下支撑面的过程，是基础的动作要素之一。与空中技巧的衔接配合是关键的技术要点。起跳可分四类：跳板起跳、跳台助跑起跳、跳板（跳台）立定起跳和跳台臂立定起跳。起跳需要解决以下两个问题：①运动员从支撑面向上移动；②创造运动员的身体绕水平轴和纵轴旋转的基础条件。

欣赏起跳技术应从方向、角度和高度三个元素入手。根据跳水规则，可细分为四个起跳方向。起跳角度取决于跳水技术动作和翻转周数。一般做多周的翻转时，起跳角度大。合理的起跳角度可以形成优美、连贯的抛物线，形成黄金角度的动态美，使身体入水更接近90°，有利于减小水花。起跳角度选择不好，不仅影响动作效果，还会造成撞板等意外情况的出现。高度也是欣赏的主要方面。高度让运动员有足够时间展示要完成的难度动作，高度取决于起跳技术和获得的反弹力。起跳时要运用跳板表演弹性节奏以及压板的技术。

整体来看，起跳用力由脚支撑或手指支撑构建，除平台臂站立时的手指支撑用力外，其余都是脚支撑来发力获得反弹的高度。在跳板跳水中，运动员踏下跳板时的腿部爆发力、在手臂站立式跳水中运动员手臂和上肢的有力支撑体现的力量美是动作开始阶段欣赏的重要维度。

2. 空中技巧（多周多轴翻转）的衔接是审美的重要部分

跳水的空中技巧表现出的难度动作必然成为审美的核心部分。具体看来，技能和动作鉴赏从以下维度进行：①身体姿势变化，如直弯抱膝；②圈数的变化，如两圈半；③方向不断改变的扭转和翻滚技术动作；④复合轴在成套动作中的应用，如"旋转"。空中技巧能体现运动员柔韧、力量、速度等身体素质在技术动作中的展现。空中技巧是鉴赏的主要方面，它往往表现的技术特征是飘逸、迅捷、敏捷、善变。

空翻和转体都是在空中技巧中实现的，它是评价动作质量的重要维度。跳水审美也需要着眼于此阶段，比赛中娴熟的技巧会给人良好的心理体验。从跳水美学来看，要想取得更好的效果，就要有难度技巧作为支撑条件。

3. 精致稳定的入水效果是跳水欣赏的定格

跳水入水是动作的结束，能够给裁判员和观众留下深刻印象。因此，不难发现，动作成败取决于垂直入水的技术水平。入水动作的技术环节由打开入水口和喷水组成。在欣赏最后环节时，先欣赏打开入水口的动作。完成空中技巧后，运动员依据空翻和转体速度、空间方位及身体与水面的距离来提高旋转的质量。用"一次开口"或"二次开口"的具体路径进行展示和呈现。展现动作时将手臂向上抬起，伸直身体，拉伸成直线，使身体纵轴垂直水面。无论是头入水还是脚入水，运动员的骨骼、膝盖和背部肌肉都是呈现紧张的状态，所以要持续保持并呈现美感，直到身体入水。运动员入水前身体张开不当，身体各部位姿势不对等技术环节上的失误可通过跳水补偿动作进行补救。

喷水是指完成开启动作后，运动员通过身体某些部位的形态变化和肌肉的精细控制，使入水中后溅出较少的水花。就比赛经验来看，喷水手法是"手抓水"或"手转掌"。完成空中动作后，运动员在入水前即刻翻起手掌，垂直面向水面，按住喷水口入水。入水的基本技术环节和技术细节是双臂用力进行伸展，手指和手腕拉紧并固定。根据两手间的距离，可分为分手和合手。分手时，两只手距离10厘米左右。

在现代跳水中，随着运动员的跳水难度水平越来越接近，稳定的入水成为最重要的运动员素养之一，也成为评价跳水美的关键技术指标。如果入水的角度、技术动作环节和细节把握得非常好，优美的动作就会完美地呈现出来并获得裁判员和观众的一致好评。反之，运动的美感就大打折扣。

（三）双人跳水的同步性欣赏

在跳水中，双人跳水不仅具有单人跳水的技术环节和技术细节，还表现出形式美的同步性美感。在同步跳水中，美感体现在动作细节的整齐划一和心有灵犀上。否则，即使跳水运动员都有娴熟的技术和技巧，也没有办法达到双人动作的较高水平。

在双人跳水中，两个人分别在两个装置或在同一个装置上完成技术动作。按照规则，两名选手还需在不同起跳方向上完成整套技术环节和技术细节。无论是在何种装置上、方向如何，运动员不仅要在技术细节上把握得非常好，还需要与自己的队友进行长时间的练习与磨合，才能够在动作完成的时间维度上做到高度一致。任何有水平的运动员都可参与双人跳的训练和比赛，但是要以绝对实力夺得冠军还需要双方的默契。与单人跳水相比，同步性是高水平双人跳水的关键要素。

观众在欣赏双人跳水时，可以看到两个运动员的外形基本相似，还可同时完成各种翻筋斗和转体等复杂技术环节。高水平双人组合的起跳高度和时机、空中动作、入水角度、入水点与板（平台）的距离、入水时间都基本趋同。整个运动过程的各环节都需要趋向同步，才能达到完美的展现程度。双人跳水的出现使跳水比赛更加激烈，观赏维度更加多元和复杂，跳水的趣味性更强。

第三节　跳水竞技运动的核心价值

一、健身价值

经常参加跳水，可强身健体，增强身体的免疫力，提高身体素养。主要表现的维度如下：

（1）提升手臂、腰部、臀部、腿部的肌肉力量，拉伸各关节，增加其柔韧性。

（2）锻炼参与者的平衡能力和本体感知觉能力，提高小肌肉群的协同能力和爆发力。

（3）提高身体素质（包括肌肉耐力、韧性、爆发力等）。

（4）增强心脏的泵血能力，促进身体的血液循环。

（5）改善呼吸系统机能，降低呼吸频率，增加每次呼吸的深度。

（6）增加白细胞数量和活性，增强身体免疫力。

（7）促进新陈代谢，刺激骨骼与肌肉的发育。

二、生产和军事价值

跳水在生产和军事上有较大的实用价值。在生产建设中，如渔业生产、水运、近海钻探等都与跳水有关。参加跳水运动有助于培养在空中辨别方向和控制身体的能力，从而克服怕水的障碍，掌握自救技能，更好地完成生产任务。在军事上，学习跳水技能可提高在自然水域的战斗力和适应力。因此，水兵、船员、航空兵、飞行员、伞兵、侦察兵、武警等都把跳水作为必要的运动锻炼项目。

三、美学价值

（一）跳水美之社会美

换言之，为维护人类生存、满足人的生命追求、显示顽强生命力和创造力，并能给人的感官带来愉悦的社会性产品，叫作社会美。[①]跳水美展现人体姿态、动作、技巧的美，是人体的具有造型因素的静态美与动态美的融合，侧重于动态美的表达与展现。由于它比人的相貌更能表现美感，所以柏拉图通过他的老师苏格拉底之口说："最美的境界……是心灵优美和身体优美二者之间达成和谐一致。"[②]培根曾说："相貌的美高于色泽的美，而秀雅合适的动作美又高于相貌的美。"[③]车尔尼雪夫斯基曾说："动作敏捷和优美，是人体和谐美的标志性符号，它们无论在什么地方都是可喜的。"[④]显而易见，跳水表现出伟大的创造力和审美趣味，显示出审美理想和价值维度，并成为人类改造和改变文明发展程度的重要项目。因此，跳水的美感属社会美范畴。

（二）跳水美之艺术美

人们给跳水的称号有"空中芭蕾""一秒钟的艺术"等。可见跳水本身虽不是单独的艺术门类，但它的特点是具有艺术性的。首先，跳水以具体的身体姿势和动作作为基本的表现手段，它用人体的美作为媒介来表现人的某种感情。跳水美根据美的规律，通过优美的动作和身体姿势变化来表达人体美，从而激发美感表达，满足欣赏者的审美需求，引导欣赏者提高审美情趣。其次，以具体的身体姿势和动作作为主要表现手段，决定了跳水具有高度简练性和身体表达的普遍意义。

从历史上看，跳水源于生活，有生活基础。例如，起源于海里的钓鱼等，逐渐成为竞技运动。人类实践培养了"能感受美的眼睛"，使人对现实有了反

① 封孝伦：《人类生命系统中的美学》，安徽教育出版社，2004，第190页。
② 唱晶、左鸿燕：《我国跳水项目后备人才的现状研究》，《体育科技文献通报》2021年第3期。
③ 北京大学哲学系美学教研室：《西方美学家论美和美感》，商务印书馆，1980，第16页。
④ 冯甜、李亚伟、张忠秋：《跳水运动员心理旋转的时间具身效应及脑加工时程特征》，《北京体育大学学报》2021年第2期。

映，并重新物化为艺术。随着能力的提高，跳水逐渐从感性为主的即兴动作发展到标准化姿势。随着历史的发展，跳水和艺术也走上了组合道路。从艺术角度看，跳水在某种意义上是审美的产物。因为跳水无论是训练还是表演都离不开美的展示。跳水的艺术因素与技术密切相关，这是高技能的表现。运动员匀称的体形、娴熟的技术、巧妙的配合都能激起观众强烈的认同感，这些都形成了跳水形象。跳水不断趋于艺术化，意味着其可以达到高超的境界。因此，可以肯定地说，跳水具有艺术美。

（三）跳水美之形式美

形感就是对形式的感觉。例如，生活中，水平线让人觉得开阔，垂直线让人觉得高耸。这就是自然界的东西在脑海里的印象，是形式化感觉被泛化。形式美是美的表现形式，能唤起美感感受。跳水中以人体为主要要求的形式美，在跳水中占有特殊地位。作为跳水美，它不仅研究形式美的一般原理（如整齐、对称、比例的有机统一），还要求研究身体姿势、力量与速度、柔韧性、幅度。因此从感性形态看，跳水美体现为形式美。

第四节　跳水竞技运动价值的实现路径

跳水竞技运动价值的实现路径，需要认清跳水难和美的辩证统一。

一、跳水发展的内在动力

难与美有着内在联系，二者间的矛盾是推动跳水发展的动力。难度与美感促进了跳水的不断发展，在不同阶段的作用也发生了变化。在难度的发展和突破阶段，难度是主要要求，这时候主要要求是开发新动作。一旦有生命力的动作有了突破，美就上升为主要要求。人们不满足于完成，开始想方设法提高动作质量，反过来促进了技术发展。

二、跳水难和美的界定

（一）跳水的难度

跳水的生命在于难度（本节中的难度特指技术动作的复杂程度）。跳水的时空对立是难的本质。跳水是结构的统一，要提升跳水难度，无疑要从空间和时间上揭示其本质。跳水存在于三维空间。根据跳水的特点，它的空间形成是在板（台）上跑、飞、入水时的位置、形态，表现为跳水的广泛和立体。跳水的时间形式体现在节奏（快慢动作的交替）上。其难度特征包括以下内容。

1.难度一：有限时间内的展示

跳水是表现美的运动。运动员通过起跳、翻滚来展现能力，控制好自己的姿势，给观众美的享受。所有这些动作都必须在落水前完成。空间呈现是核心，难度和美是标准，有限的时间和空间呈现是主要矛盾。高难度优美动作的完成需要足够的空间，时间有限决定了可利用空间小。难度越大，完成单个动作的时间也就越少。

2.难度二：把握指定空间内的时间

跳台和跳板都有严格的规定，运动员必须掌握走台（板）节奏，起跳时机，才能完成动作。解决呈现与时间矛盾的方法，一是在指定空间争取更多的时间，二是准确把握时间。前者在运动员训练到一定程度后，变化不大。后者由于时间知觉有很强的可塑性，可通过训练在指定空间内把握时间来实现。

现象不仅存在于空间，也存在于时间。时间和空间的不可分割决定了时间感知和空间感知是相互联系的。时间和空间都是物质的存在形式，空间表现物质的广泛，时间表现物质的连续。任何物体都要占据空间，经历时间。所以跳水是在时间知觉和空间知觉的整合中完成的。

3.难度三：难度突破的实现

首先，高难度动作的完成取决于时间。具体地说，难度的核心是圈数。跳水的难度取决于平台方向、运动方向、动作的复杂度等，但核心是翻筋斗的次数。任何方向都可通过增加转身次数来增加难度。要完成高难度动作，需要提高转身速度。

其次，高难度动作的完成可通过把握时间来实现。起跳后的时间和重力是不能改变的，但通过合理分配时间，可完成高难度动作。如果运动员有很好的时间感，即使是在起飞后，也可实现某些改变。转速需要依赖转动惯性。运动员可在起飞后调整旋转度。运动员在高速旋转后，即使身体伸直，也会保持旋转惯性。如果手在接触水面的瞬间垂直于水面，那么入水时就会翻身，这就要求运动员对转身速度有准确感知。

最后，把握时间、争取时间是突破口。跳水是在有限空间里的复杂的运动。然而，身高和重力限制了时间，时间和难度显示出矛盾。在重力和平台（板）高度不能改变时，只能考虑改变时间因素。要改变时间因素，一方面要提高力量和速度，以此获得空中时间，因此要重视素质训练；另一方面，旋转

半径取决于身高和姿势，要培养控制力，也就是"内力"。此外，柔韧性和高度也是重要因素。身材太高必然影响旋转速度，太矮则影响美感。所以要在难度上实现突破，除了运动员选材外，还要注重对时间感的训练。

（二）娴熟的跳水和动作美

从表现形式上来说，跳水的美感表现是指动作稳定性和艺术表现力。它的美，不仅要求高度、距离、幅度等基础要素达到高标准，还要求动作优美、轻盈，整个动作要干净。

1.动作美的核心是空间动作的呈现时间

难与美是矛盾的，难在一定程度上体现了美，但太难了，并不一定会体现出最大限度的美。跳水不仅要追求难，还要体现姿态美。优雅也是跳水魅力的体现。但是，美离不开时间限制。动作的拉伸、完美入水需要时间。只有空间动作和时间的结合，才能给人美的享受。

2.动作美依赖于各阶段准确的时间感知

伸展和流畅是一种美，准确动作也是美，同步也是美。要体会跳水美，就要准确把握起跳、翻转，并显示每个时间段的特点。如果某阶段的时间感知不准，便会破坏下阶段的时限，从而破坏动作流畅度，导致动作失败。在双人跳水中，如果两个人的时间感知有差异，节奏和速度也会出现不同。即使个人动作很好，也会因为同步的差异导致动作失败。

三、难和美辩证统一

现代跳水在经历了难度和美感争论后出现了趋同，即给分要从技术和优美角度考虑。技术性是动作的复杂和标准；美是技术动作所表现出来的美感体现和高度和谐的内外部结构要素状态。

（一）跳水的难与美的发展呈现曲折、螺旋式

跳水是独立的竞技运动项目，取得了很大的发展。在其发展过程中，开始出现难与美的矛盾。正是这种矛盾推动了跳水竞技运动的不断发展。然而，这一发展过程是非常艰难、曲折和螺旋式上升的。跳水的发展总是从高难度新动作的发展和突破开始的。经过提升和完善，最终进入完善和稳定阶段，在此期间美上升到主导地位。然后把这三个阶段作为一个发展周期，难度的发展在每个周期中始终起主导作用，然后让位于美的因素。但是在一定的历史阶段，难度在垂直方向的发展是有限的。如果忽视这种局限性，过分追求难度，必然会带来一系列意想不到的负面影响，没有美可言。

（二）"立难"与"立美"辩证统一、相互制约

动作美是跳水基础要件，欣赏价值与之呈正相关。这是因为跳水作为身体象征，应通过创新来改变。其难度的突破，意味着符号系统增加了新组合。难度发展和各种动作融合，不仅会使符号发生变化，还会使符号显示出创造力和魅力。难度包含的技术属性需通过动作美来体现，否则很难达到和谐。构成难度的因素大多数也是表现美感的技术手段。例如，动作结构、动作连接等。

建立美是必要的，虽然跳水难度的提高和美感是无止境的，但并不意味着难度可以超过极限，难度发展到高潮后会得到调整。但是在身体姿势、动作质量上，规则很严格。例如，双脚并拢，转体或直体分离扣 0.5～1 分，这显然是美的要求，可见，美的倾向不会因为难度而被忽视。美不仅存在于难度中，即要求在设计中使难度遵循动作完成和发展的基本规律，而且要独立于难度，用姿态和造型表达动作难度。

美取决于技术的稳定性。对于跳水来说，难度和稳定永远是不可分割的、相互制约的矛盾。加难度意味着降稳定，而加稳定容易破坏难度。中国跳水队也曾经遭遇"滑铁卢"。之后首先想到的是从技术难度和稳定性上找差距，在此基础上，有研究者也推断出失误的原因是心理素质不稳定，关键时刻缺乏勇气和担当。

难度和稳定是成绩的内在因素，内在因素是事物变化的基础，起着关键作用，但不是唯一要素，因为还有外部因素。外部因素和内部因素共同作用，才能形成结果。所以把跳水的不良呈现归咎于勇气，害怕尝试高难度是片面的。体育比赛是有规律的，成绩只能由运动员的综合实力和临场表现来决定。

难度和质量是统一的，质量和稳定是高难度动作的保证，在关键动作的选用中宁愿放弃或减小难度，也要确保质量。高敏曾是"跳水女王"。她的动作稳定，但有时难度并不见得非常突出。在第 25 届奥运会中，她在比赛中把动作 405C 改为 405B。虽然她在预赛中只得了 4.5 分，但在决赛时，她发挥稳定，以 572.40 的高分击败对手，蝉联女子 3 米跳板冠军。

对于跳水而言，动作难度不是孤立的因素，它不能单独在比赛中发挥作用，所以单纯的难度不仅不会给表现带来好处，有时还会导致战术选择失误，这是竞技规律。任何难度都必须建立在稳定的基础上。失去稳定的难度和没有难度的稳定意义都不大。因此，运动员必须根据复杂的情况，科学合理地提高技术难度。

（三）难度是生命而美是灵魂，难美和谐是目标

国际游泳联合会（FINA）跳水技术委员会主席凯西·西曼曾经指出："现在的复杂（推陈出新的动作和别出心裁的构思）和美丽，加上浪漫主义，是未来跳水的发展趋向。"即使在未来，美与难度、受观众欢迎、有吸引力也是跳水的特征，并将持续下去。FINA跳水技术委员会成员茱莉亚·克鲁兹明确地指出："裁判在寻求流畅度。跳水不只是难度较量，更是美的相互比较。生命力在于难与美的和谐统一。"总而言之，难和美的和谐统一与螺旋式融合创新将是跳水发展的最终趋向。

第九章　花样游泳竞技运动的价值

　　花样游泳是集舞蹈和音乐于一体的运动。本来是游泳比赛间歇期的水下表演，后来逐步独立出来，被称为"水下芭蕾"。①

　　花样游泳是优雅的运动，需要力量和技巧，需要经过多年训练才能具备出类拔萃的技术表现。每个表演都有 10 个裁判员进行打分，运动员需做多套推、转、弯动作，还要求无呼吸拉伸，常规动作持续 5 分钟。即使运动员的身体处于缺氧状态，在最激烈的常规动作表演中，运动员也需要保持轻松的表现姿态。②

第一节　花样游泳竞技运动的发展历程

一、花样游泳的起源和发展

　　20 世纪 20 年代，现代花样游泳起源于德国、英国等国家。当时花样游泳没有融入音乐，只是姿势和队形变换。后来剧情和戏服被加入复杂的动作构思和创作，使其更具感染力，因此也被称为"戏服游泳"。20 世纪 30 年代，音乐的加入使该项目更加具备活力，很快在荷兰、比利时等国家流行起来。1934年，花样游泳被引入北美，莫坦·马迈表演团队在芝加哥首次进行表演。20世纪 40 年代，花样游泳开始有正规比赛，美国首先将其作为单独运动项目。

---

① 宾宁江：《花样游泳集体自由自选项目艺术表现力指标体系的构建》，硕士学位论文，广州体育学院，2019。
② 包筱筱：《花样游泳运动员力量及体能的训练方法》，《湖北体育科技》2019 年第 12 期。

1942 年，美国和加拿大举行了友谊赛。1950 年，美国开始举办全国锦标赛，并派出表演队进行推广。在 1952 年第 15 届奥运会上，美国和加拿大表演了花样游泳，向世界展示了该项目的价值。1956 年，国际业余游泳联合会决定将花样游泳列为 FINA 的正式项目。1958 年，在 FINA 花样游泳委员会主席布罗斯特的推动下，欧洲各国开始举办花样游泳锦标赛，并热情邀请美国、加拿大教练员进行技术和技巧的传授。1984 年，在国际泳联和美国、加拿大等国的推动下，该项目成为第 23 届奥运会的正式比赛项目。

二、中国花样游泳的发展历程

（一）起步阶段

1982 年，国际奥委会开始推动将花样游泳列为奥运会正式比赛项目。为适应形势，国家体委于 5 月派李煜等 3 位同志赴日本，目睹了花样游泳的魅力。经过 5 天考察，对训练理论与方法有了更加具体的认知，并获得了书面材料，为项目发展提供了可贵的发展和创新经验。同年底，全国 6 个省市 12 名教练员参加了国家体委组织的民族音乐舞蹈班训练，为花样游泳的发展奠定了基础。1983 年，在全国人民代表大会召开之际，北京花样游泳队以及北京体育学院首次公开表演。同年 8 月，我国举办了全国花样游泳邀请赛，吸引了 9 个单位的 54 名运动员参与角逐。1984 年 10 月，国家体委集结首届全国花样游泳锦标赛单、双、集体项目的冠军运动员，组建国家表演队，赴北京、湖南、上海等六省市巡演，扩大了花样游泳的影响力，使花样游泳的群众基础得到了加强。

（二）探索学习阶段

为更深入地了解花样游泳的特点，我国遵循"走出去，请进来"，探索先进经验。1984 年，我国举办了花样游泳培训班，邀请日本高级教练员伊藤清水正孝和石井小姐到我国进行技术讲解。来自 19 个省市的 90 多名教练员和裁判员参加了此次培训。同年，有一部分教练员被派往日本学习经验。在随后几年，我国先后邀请美国、加拿大等国的教练员来我国执教。经过几年的探索，我国花样游泳在借鉴花样游泳强国经验的基础上，形成符合自身发展的独特路径。国内竞赛制度不断完善，水平不断提升。1986 年，我国成立了花样游泳国家队，参加了第五届世界花样游泳锦标赛（以下简称世锦赛），我国的花样游泳运动水平开始稳步提升。

（三）稳步上升阶段

20 世纪 90 年代，在北京、四川等省市的积极推广下，我国花样游泳在全国范围内得到了发展，与此同时，国家花样游泳队（以下简称国家队）也开始崭露头角。1991 年，中国获得第 6 届世界花样游泳锦标赛（以下简称世锦赛）第六名，1992 年第 25 届奥运会的第八名。1994 年，国家队在双人项目上取得突破，获得世锦赛第八名。1996 年，国家队开始发力，在第 26 届奥运会上勇夺第七名。在接下来的两届奥运会中，国家队位列世界前六。在 2006 年多哈亚运会上，国家队赢得了双人和集体项目的第一名，打破了日本 23 年的霸主地位。同年，在第 10 届世界青年花样游泳锦标赛上，国家队黄雪辰相继战胜俄罗斯、日本和美国的运动员，获得了单人项目金牌，这也是中国国家花样游泳队在世界大赛中取得的首块金牌。此外，国家队还在双人和集体项目上发挥出色，获得银牌。中国花样游泳整体的技术水平开始迈向世界顶尖水平的行列。

（四）快速崛起阶段

2007 年，中国邀请日本教练员来国家队担任教练员，其全新的理念将中国花样游泳带到了新高度。同年世锦赛，国家队崛起，在双人和集体项目中获得第四名的优异成绩，单项成绩取得历史性突破。2008 年，在日本教练员的精心培养下，国家队以主场优势击败日本、美国、加拿大等国的强队，获得第 29 届奥运会花样游泳集体项目的铜牌，实现了奥运会花样游泳的奖牌突破。在随后两届世锦赛中，国家队开始发力，单、双、集体项目表现优异，令国人眼前一亮。2011 年上海世锦赛上，国家队获历史最好成绩 6 银 1 铜。在 2012 年奥运会中，国家队更进一步，花样游泳双人项目获得铜牌，集体项目获银牌。

2014 年 12 月，国际泳联花样游泳大奖赛在北京拉开帷幕，国家队获两枚金牌。2017 年，国家队在布达佩斯第 17 届国际泳联世界锦标赛上获花样游泳集体自由组合决赛冠军，首获世界冠军。

在美国，早在 20 世纪 90 年代末，男子便已参加过花样游泳赛。2009 年，米兰也举办了首届男子花样游泳世界杯赛，有德国、西班牙、意大利、日本等国参赛。伦敦也有男子花样游泳"游泳天使"，曾致函 FINA，痛斥"明目张胆的不平等"，说男性不应受歧视，男女在此项目中应该一视同仁。

2014 年，FINA 决定在 2015 年世界游泳锦标赛中增加男女混合项目，男选手开始进入"女儿国"。2015 年，在喀山，36 岁美国人比尔·梅和他的搭档克里斯蒂娜·琼斯获男女混合花样游泳冠军，成为首位男子花样游泳金牌获得者。

中国很早就有男子花样游泳巡回赛运动员。在 2000 年全国花样游泳锦标赛中，上海队的两名男运动员参与了激烈的角逐。动作的呈现虽略显僵硬，但他们的动作有创意，获得了热烈的欢迎与鼓励。此外，湖北队成立了男子花样游泳队，两名男运动员参加了 2003 年全国锦标赛。

然而，"新鲜元素"没有持续发力，女运动员仍然"主导"着该项目。直到 2017 年布达佩斯世界游泳锦标赛，一名 16 岁小将成为第一位参加世界比赛的男运动员。

男运动员在力量和肺活量等身体素质方面强于女选手，在艺术表现上可表现出与众不同、别出心裁的创新与动作展示，但在柔韧性上男选手稍逊一筹。男运动员参与花样游泳，其娱乐性和趣味性较强。

第二节　花样游泳竞技运动的基本特征

一、花样游泳项目规则特征

花样游泳属得分项目，规则起着引导作用，决定了其发展方向，规则的修改反映了其发展趋势。为掌握花样游泳发展的整体趋向，有必要对花样游泳的规则进行研究。

（一）规则变化引起基本姿势和动作的增加

姿势和动作是规定动作的组成部分。基本姿势是指完成规定动作时身体各部位的相对静止状态；基本动作将基本姿势串联，形成一系列的运动状态。规则对每个基本姿势和动作都有详细规定，运动员必须按照规则完成动作。从 1986 年到 1990 年，规则中共有 15 个姿势和 12 个动作作为基本的动作元素。从 1990 年到 1994 年，FINA 将 3 种姿势纳入基本动作元素——水弧形姿势、盆状姿势和侧立姿势；增加了 4 个动作——向上拱起到上浮、冲上、垂直下沉、垂直下沉到海豚弧的末端位置，使花样游泳的姿势增加到 18 个，动作增加到 16 个。花样游泳规定动作就是由这些姿势和动作连接而成的。

（二）增加少年组别规定动作，加大基本技术比例

花样游泳的项目规则规定，奥运会、世锦赛、世界杯需在技术上自由选择。世界青年锦标赛或少年组比赛需包括两部分，即规定比赛和自由比赛，这意味着参加少年组以下比赛需参加规定动作比赛。显而易见，花样游泳训练和

比赛中规定动作的比例虽然在逐渐减少，但作为花样游泳的一项基本技术，仍是不可或缺的。对于年轻运动员来说，加强规定动作训练尤为重要。

（三）规定动作数量减少，但对完成质量要求提高

规定动作变化的要求是，一些耗时较长的动作被快速动作代替，如海豚动作被冲上去、急转弯、连续旋转等新动作代替。规定动作组的数量也在减少，从最初 36 个规定动作减少到 10 个。FINA 减少了规定动作的数量，但提高了动作难度，缩短了规定动作所占时间，提高了自选动作的重要程度，加强了比赛的成熟度。

（四）自选动作分化趋势明显，比赛观赏性逐步增强

自选动作伴随着音乐，将技术美感表现得淋漓尽致。自由选择和技术选择的竞赛由单人、双人、三人和集体构成，是与单人、双人、三人和集体项目并列的项目。组合赛最多由 10 名运动员组成，可以是单人、双人、三人、集体进行组合，但必须包含少于三人表演的两个或两个以上的表演，这意味着单人、双人、三人形式的表演不得少于两次，由 4 ～ 10 人组成的表演不得少于两次。一方面，规则的改变可让自选组合发生更多的变化；另一方面，可让裁判员全面审视参赛选手的整体实力，也对个人能力提出了更高要求。

（五）艺术和技术评分比重的改变

判断自选动作需要从技术和艺术两方面进行，判断一套动作是否完美的重点在于动作质量、难度、高难度数量、与音乐的同步性。判断艺术印象，主要是评价编排，如编排创意，是否善于运用水域，表演是否与音乐相协调，即是否用肢体解读音乐，是否有韵味和审美趣味。一套高质量的可选动作在技术价值和艺术印象上要实现完美结合。

二、花样游泳的供能特征

在以开发供能能力为目的的训练中，必须首先确定决定性的能量系统。明确项目主导系统后，要选择合适的训练方法和手段。从生物适应角度来说，特定的训练刺激会引起特定的反应，而专门针对代谢系统供能能力进行的训练会优先发展此代谢系统能力，这是机体适应的必然。

花样游泳是间歇竞技运动。在技术自选或自由自选中，运动员屏气完成跳跃、顶起时，主要使用 ATP-CP 系统供能，最大强度的运动只持续几秒，然后过渡到低强度。此运动的无氧供能基于 ATP-CP 系统。花样游泳需要发展有氧和无氧能力，提高肌肉抗乳酸的机能，加快体内乳酸的清除速率与能力，及时

合成 ATP-CP，以满足机体的能量需要。

以下从主要技术动作特点来分析花样游泳项目的体能训练。

（一）踩水动作技术与训练学要点分析

踩水是推进技术，广泛应用于整套动作中，是一种复杂动作。运动员使用踩水提供推进力。为更好地完成动作，踩水时腿和脚要圆化，一条腿顺时针，一条腿逆时针，两条腿交替。根据日本学者 1997 年的一份报告来看，踩水占整套自选动作的 40.1%，FINA 也明确规定了踩水时必须双手横着或向前。

通过对踩水分析可以看出，技术动作需要保持较高水平，这对运动员腰部、臀部、躯干等部位的稳定性要求非常明确和具体。因此，运动员的核心稳定性是完成技术动作的重要支撑力量和技术表现的重要元素。

（二）跳水动作训练学分析

花样游泳的动作要求运动员在水中完成复杂的动作元素和系列动作元素，有些动作是不呼吸进行的。研究表明，在单个事件中，脸出水的时间与浸入水中的时间成正比。加拿大特蕾莎·阿伦特亚诺将 3 分 36 秒的时间分为开始、高潮、结束。有学者研究了整套跳水动作时间与技术价值的关系后发现，FINA 规定的单次跳水的总时间必须少于 40 秒。截至今天，没有一支队伍超过规定浸水时间，这表明大家都意识到了这个问题，40 秒屏气时间符合 FINA 制定的基本规则，整套动作的技术得分与屏气时间没有必然的联系。

（三）划水技术动作训练学分析

划水不仅是基本技术，也是关键元素。2005 年，日本一项研究对运动员俯卧位的水平划水进行了三维分析，将 10 名优秀的花样游泳运动员分为两组，分析他们腰部负重 1.5 千克和不负重的水平划水。结果表明，水平划水时上臂和肘必须静止，上臂与水平面的垂直角为 50° ～ 60°，肘关节与水平面在向外划水时约为 175°，向内划水时构成的角度为 130° 左右，换手划水角度必须平滑。腰部负荷变得越来越大时，划水幅度开始逐步缩小，划水速度加快。从动力链的传递角度来看，身体的任何部位都必须遵循力的传递和输送。因此，在陆地上训练前臂划水时，必须保持肩关节和肘关节的相对静止。

通过对踩水、划水等的技术分析可以得出，肌肉快速力量和核心力量是花样游泳项目的优势素质，建议在后期训练中增加此类素质的训练量和训练强度。

三、运动员能力特点

（一）体能特点

运动员身体素质包括身体形态、生理机能和竞技运动素质三个维度。其中，体形对成绩的影响最明显，其次是竞技运动素质和生理功能对成绩的影响。

1.体形特征

花样游泳对运动员的体形要求：体形细长，身高较高，四肢对称，下肢较短，躯干较长等。

身高较高可让运动员在水中有更强的存在感，占据较大的空间，容易引起观众的注意，是比赛获胜的有利因素。以俄罗斯伊什琴科为例，她的身高是1.77米。

从比例上来说，花样游泳的最初参赛者大多是"芭蕾美人"：身材比例完美，腿较长。但随着花样游泳的快速发展，为保证运动员完成动作时的力量和稳定，也需要考虑重心和漂浮。从生物力学角度来看，躯干长、下肢短的形态更具优势。在身体局部形态中，运动员宽大的手掌增加了手掌与水面的接触，起到了加快速度的作用，对运动员在水中完成平衡、推、倒立、顶起等动作姿势较为有利。此外，肩宽和骨盆窄是基本的身体形态特征，这与现代项目更加注重体能的要求一致。

2.机能特点

运动员的机能特征表现在以下方面：

（1）心肺功能较强。花样游泳要求运动员在水中频繁屏气，所以对呼吸系统和心脏的要求很高。最明显的是肺活量较高，心搏输出量大，血液中红细胞数量相对较多。此外，由于经常需要屏气，运动员的血管弹性要超出其他项目运动员的平均水平。

（2）要求运动员视觉、听觉、触觉准确。竞技运动主要在五个方面有较强的控制能力：平衡感、节奏感、方向感、速度感、用力感。这些基本的感知觉能力能帮助运动员完美完成技术动作。

（3）花样游泳项目选手的神经过程有较高的平衡和灵活性。花样游泳是非周期性运动，既有动态运动，也有静态运动。因此，需要建立交替活动的动态刻板印象和针对肌肉同时兴奋的动态印象。另外，花样游泳的比赛内容有时是单个动作，有时是整套内容。运动员需要建立单一运动技能和整套技能的动态印象。动作往往表现出动作的快慢交替和节奏的明快变化，因此运动员大脑的兴奋和抑制需要灵活变换，其神经过程表现出明显的灵活的特点。

3. 身体素质特点

在花样游泳项目身体素质的整体结构中，力量、速度、耐力和柔韧起主导作用。力量突出表现在上肢、腰、腹、臀、腿五个部位，其中上肢和下肢对爆发力和耐力要求较高，而躯干力量的关键是稳定和控制。运动员在表演时，上肢力量是手臂能快速、持续划水的保证，而下肢力量则转化为高速、快节奏的复杂动作。躯干力量在专项体能训练中通常表现为核心力量。

整体而言，核心区域稳定力量在动作中往往呈现为腰腹控制能力。花样游泳比赛中的很多动作都要求具有较高腰腹控制力。强大的腰腹控制力能够帮助运动员保持姿势，减少阻力，使其技术发挥更有效，强大的腰腹力量有利于保持适当的紧张并舒展四肢，以确保动作质量。

花样游泳对速度的要求体现为动作速度和游泳速度。速度是完成快节奏动作的保证，尤其是腿部节奏。在比赛中，速度对水的利用和队形转换具有非常重要的意义。

运动员的专项耐力与有氧能力相关。研究发现，800米自由泳和400米自由泳成绩是对成绩影响最大的体能测试项目，这体现了对耐力的基本要求。速度耐力表现为耐力和速度二者的融合和提升，是影响动作质量的关键。柔韧是必备素质，尤其是肩、腰、臀的柔韧，是完成大规模、大角度劈弓的保证。

（二）技术特点

花样游泳技术动作环境是水中，并且结合了游泳、舞蹈、体操等元素，因而造就了花样游泳独特的特点。

（1）踩水和划水是基础，要求动作经济、水位高、稳定。在比赛中，运动员要在没有池底支撑的情况下完成动作，其动力来自踩踏和划水。运动员不仅需要克服重力和水阻力，还需要利用浮力，这比在陆地上运动要消耗更多体力，因此踩水的经济性变得尤为重要。在技术自选比赛中，整套动作安排和表演以动作和队形为基础。在动作规格一致的项目中，每个动作的水位和高度、整套动作的移动距离是衡量技术质量和难度的维度。如果踩踏、划水水位高，身体动作在水面的感染力强，更易完成高难度动作。游泳速度快有利于队形变化。2011年世锦赛总踩水时间和前三名选手踩水总时间都比2007年短，可见随着运动项目的发展，相对静止的踩踏动作的安排更少，更多的是在快速游泳的同时完成高难度动作。因此，高水位和游泳速度是踩踏和划水技术的动作规范化要求。

（2）动作清晰、节奏合理、身体姿势优美是动作完成目标。花样游泳是和音乐完美结合的技术项目，复杂技术动作需要固定节拍来表现情感。在音乐的快速部分，运动员通过有力动作表达兴奋情绪；在音乐的慢速部分，通过流畅柔和的动作用来表达平静、轻松。动作和音乐结合得好，运动员的动作质量和艺术表现力就强。运动员在完成动作时，要求动作舒展、优美，避免任何勾趾、屈臂、屈腿等动作。否则，裁判员需要根据规则扣分。因此，为保证质量，展示魅力，运动员需通过协调的肌肉收缩和放松来保持对姿势的控制，甚至在结束部分也要表现出放松。很多运动员为突出高超的能力，甚至通过特殊的动作主题来强调控制，如俄罗斯的"拉木偶"表演。俄罗斯女孩利用控制能力，将布偶活泼的一面表现得淋漓尽致，与水的柔软形成对比，动作渲染力较强。

（3）难度与创新追求是技术的基本要求，也是实力的象征，是评分标准的基本要求。在评分标准中，难度是指游泳风格和模式难度，包括推进技术、单动作技术、协调技术。陈爱平的研究表明：合作技术的难度、推进技术和上肢运动合作技术的发展是技术安排的趋势；动作技术难度（腿组合、转身旋转等）在技术安排上有所下降，单纯依靠高难度技术不是当前技术安排的主流；双项目推进、移动技术和上肢协调技术成为难度发展方向。其中，上肢动作难度趋向于组合，减少无明显技术或艺术价值的过渡动作，突出流畅；改变阵形和图形的难度提高；升力在队形和图形的发展中表现最为突出。与花样游泳强队相比，我国在高水平比赛中竞争力较弱的原因之一是技术难度缺乏多样性，弦乐动作难度和整套动作的难度系数不高，使得整套技术动作的价值点不多，评分相对较低。中国要想在花样游泳中获得优势，仅跟上强队的步伐还不够，还需要具备前瞻性和创新的精神。

技术创新是技术发展的主要需求，尤其是难美项目评分，创新是生命力。因此，为展示项目技术的驾驭能力，我们应在确保高质量的前提下进行创新，追求难度的多样性。

（4）技术造型快速多变，集体项目和自由组合的特点是通过集体推演成套技术动作，注重协调配合，从而体现技术能力。技术建模的安排和呈现非常关键，不仅包括陆上，还包括水上水下，既包括平面也包括三维。"快而多变"是编排的核心，体现在造型变换快、速度快。

顶级团队的技术造型布局除了变化外，还具有结构合理、紧凑等特点。合理的造型有利于发挥技术优势，节省体力；紧身造型的变化快，更具观赏性；

有创新亮点的造型可达到令人耳目一新的效果。

在技术造型布局中，水域利用是重要内容，运动员对水域利用的差异程度也体现在技术差异之中。运动员可通过流畅的推进和快速准确的运动变化来展示自己的控制力。在技术建模安排中对用水的考虑突出体现在队形变化上，只有队形变化合理，才能展现良好的外在表现。这就要求编舞者考虑队形行进方向，避免后退方向。花样游泳的整套动作向高强度、高密度发展的同时，体现了动作功率输出与美观的完美融合，也对技术配合提出了更高的要求。运动员需要在队形变化中找到自己的位置，在三维造型中把握空间方位，在动作中与队友配合，从而表现出有序的动作完成之美。

（三）战术特点

战术运用是建立在技巧基础上的。战术的合理运用可使技术发挥得更充分，有利于取得优异成绩。

1.动作完整和一致是基础

花样游泳像芭蕾舞一样，它要求按技术安排完成完美的动作配合。如果有遗漏、脱节，就会破坏整套技术节奏，严重影响效果，进而影响裁判员的整体观感和评分。协调、准确地完成动作是得分的基础。因此，连接技术被提高到战术层面。

2.难度是获得高分的关键

规则正在进一步完善，技术正朝着"快、难、新"发展。其中，"难度"是重要目标。踩踏水位越高，幅度越大，难度系数也就越高。因此，在比赛中运用高难度动作，对提高动作的价值有直接作用，是获得高分的关键。

3.合理动作安排展现水平

随着技术水平的提高，动作安排是否合理，难度能否完美完成，整体效果是否良好，对成败起至关重要的作用。从宏观上看，编排要求考虑难度和艺术效果，力求多样性，要求动静、快慢编排交替；微观上，动作安排需要考虑音乐、运动员体能、水的使用、动作间的同步等。教练员力求通过合理、巧妙的动作安排，减少技术缺陷的影响，发挥技术优势，以最大可能获得整体的呈现效果，从而获得优良的比赛成绩，使运动员的辛苦训练获得回报。花样游泳在开始时要以惊人动作打动裁判员，在体力充沛时安排难度高的表演；结束时，可使用更高难度但熟练的动作来确保稳定。集体项目还需要考虑单位时间内的建模次数，不能停留在一个建模上，整体布置也要求具有点睛之笔，突出风格。

4. 完美音乐和主题演绎是战术灵魂

作品艺术感染力归根结底取决于主题诠释。优秀的解说应让裁判员和观众享受到美，产生共鸣。多年来，艺术感染力一直是阻碍中国花样游泳项目发展的瓶颈。为取得突破，教练员要注意以下内容：①音乐选择要考虑普及性和国际性。艺术表达更多的是依靠评委的主观理解，所以要考虑音乐共鸣。②主题设计要考虑可读性。主题内容要考虑讲究层次、有审美情趣和韵味。③要注重对音乐的二次创作。运动员作为独立个体，把自己的个性特征融入动作，属于二次创作。二次创作的意义是表达感受、阐述主题。它决定了作品最终的艺术表达力和感染力。

5. 争取技术自选或预赛成功是战术运用的总体要求

花样游泳比赛分预赛（技术自选）和决赛（自由自选）。预赛成绩决定是否能进决赛，占最终成绩的 50%。此外，预赛会影响决赛的出场顺序。对于高水平运动员来说，出场顺序越晚，对获得最后的胜利越有利。从心理学角度来看，技术自选比赛的表现对运动员信心和裁判员印象有很大影响。因此，在技术自选（预赛）比赛中争取高分具有战略意义。

（四）心理与智能特点

1. 注意力集中且持久

花样游泳的技术结构纷繁复杂，变化多端，还有高难度动作。运动员在训练和比赛中需要消耗精力，这要求运动员注意技术动作的灵活表达。另外，花样游泳比赛时间长，也要求运动员的注意力高度集中并持久。

2. 善于观察、分析和记忆动作

花样游泳要求展示高难技术。因此，要求运动员善于通过现场或录像，判断技术动作的技术结构和技术细节，及时补救问题，从而形成思维表征，构建动作的表达模式。

3. 善于调整和保持良好形态

在花样游泳比赛中，场地、游泳池设计、观众行为及对手表现都是客观因素。运动员在受到刺激时产生焦虑是正常的。如果焦虑程度是有限、可控的，就能起到激励作用。但是，如果焦虑超过了正常水平，运动员的赛场表现水平可能会突然下降，不仅不能表现出其应有的技战术水平，还会干扰团队表现，影响比赛的最终结果。因此，运动员需要善于调整心理状态来应对复杂的赛场，这是技术水平正常甚至超常发挥的基本前提。

第三节　花样游泳竞技运动的核心价值

一、技术价值

技术价值取决于运动员在做特殊动作时完成的创新性技术结构和技术细节。特殊动作的建构包括实施、协调、难度三个部分。

特殊动作的实施包括推进技能和观战形式。运动员在水中自由活动，裁判员要判断运动员的动作完成能力。作为优秀运动员，从比赛开始到结束，都要把技术动作保持在高质量的水平上，善用推进技术，在比赛结束时，花样动作要像开始时那样简洁易懂、富有美感和韵味。

协调技术需要运动员和队友的默契配合与心有灵犀、团队对音乐的把控能力。八人或二人组的成员要在动作、姿势、换位上保持紧密配合、互相协调。他们需要在水上和水下协调各种技术动作结构。

难度技术在考虑构建难度时，运动员的技术和小肌群力量显得尤为重要。因为运动员要在水中游泳并保持花样动作难度的不断创新。难度动作还要充分考虑"冒险部分"的动作风险的权衡——运动员要在比赛中表现出稳定的技术细节和技术风格。

二、美学价值

（一）意境美

花样游泳的美在于它通过音乐、诗歌、绘画、雕塑等表现出来的综合效果和达到的审美意境，一套动作不是单纯动作的连接，也不是高难度动作的无序堆砌，而是依据美学原理，巧妙组织体形、技术、技巧、旋律、节奏和风格特征，从而形成和谐的意境。这种"以体抒情，形神结合"的意境，通过合理的动作安排、灵活的肢体语言、巧妙流畅的队形，形成特定氛围，创造出完美意境，实现形式与精神的融合共生，从而表现出艺术情感、个性、思想和精神。同时，将立体形象以艺术化的形式表达出来，表现出审美意蕴与情趣。花样游泳和所有艺术形式一样，需要用想象力来实现。花样游泳的审美不仅在于服装、皮肤和动作的外在美，还在于形态、风格和精神的深层意蕴的表达与阐释。这一切都需要由审美借助想象在意境中来实现。例如，在 2008 年北京奥运会上，为中国花样游泳队夺得铜牌的"凤凰盘腿"是由七名少女用腿搭着基台，一名运动员在花瓣中翩翩起舞，较好地表达了"凤凰涅槃"的审美情趣和场景。此外，花样游泳队形变化所展示的造型，提升了其艺术表现价值，通过在水中的队形变化寓意抽象的意境。例如，在北京奥运会和罗马世界游泳锦标赛上，中国花样游泳队集体项目的名称是"黄河"。比赛中，少女们用手臂和脚趾构建起波浪，以不同方向变化的高难组合，展示了不同队形，从而展现了黄河的壮美和气势磅礴。花样游泳的队形变化、构图和编排有"分散与集中""平衡与对称""多样与统一"的基本规律。运用不同路线、方向、位置、角度、空间变化，变换出多样的造型，给人不同的美感。正是因为花样游泳比赛能充分利用空间，创造出线条丰富、变化万千的动作，才让观众感受到意境与深层含义酣畅淋漓的表达和阐释。可以说，没有灵活的肢体、动作设计和队形变换，花样游泳就失去了艺术生命力和感染力，该项目就无法实现可持续发展。

（二）创新美

花样游泳的编排是艺术作品的具象化工作，它需要细腻的动作表达能力和敏感的对艺术美的捕捉能力。如果说意境美是艺术的生命，那么创意美就是艺术的灵魂。只有将美综合起来，才能获得最佳效果，创造艺术境界，实现艺术审美。

1.整套动作凸显运动员的个性

花样游泳表演，不仅要将不同类型、难度的动作结合起来，还要突出个人和团队风格，给人以美感。编排不仅要有合理的难度和流畅的衔接，还需要突出个性，表达音乐主题。2010 年常熟花样游泳世界杯中，为中国花样游泳获得首个世界冠军的双人"鹤之舞"由编舞组进行整体构思和创作，两位孪生运动员有身材匀称、腿修长、腿比例相等的基本特征。编舞团利用了两姐妹的优势，展现了鲜明的个性。创意的编舞和设计带给人独特而清爽的观赏感受，令人难以忘怀。

2.竞技运动技能不断追求更高更难

花样游泳的创意美，也是动作技巧完成度所要求的。动作完成，不仅要"难"，还要"巧""精"，这就需要动作有新鲜感、刺激感和惊喜感。创意美就是让构思与结构、难度分布、音乐设计、动作风格给人别出心裁的感受。不仅要求运动员在水中的游泳方式、推进技术、复杂组合、队形变换、人员配

合、动作衔接等表现精湛，还要求动作具有"冒险成分"，从而具有一定的惊险和刺激感。从第28、29届奥运会来看，我国花样游泳项目取得了历史性进步。除了整体实力有了较大的提高外，编排的艺术性、动作技巧和难度等与世界顶级团队的距离开始缩小。

3. 编排元素的求新与求变

创意美也体现在动作完成的创新上。动作的整体结构和基本元素必须新颖、独特。原创动作之所以美，是因为它能唤起新鲜感。创新，是指创编目前国内外尚未出现的动作，包括新编舞、新举等创作形式。这种"新"中的"美"，是其一往无前、永葆活力的秘诀。在人们审美不断提高的今天，运动员只有凭借具有独创性、惊险性和刺激性的表演，才能引起裁判员和观众的情感共鸣和一致肯定。例如，2008年北京奥运会中国花样游泳队表演的"黄河"，2011年上海世界游泳锦标赛中国花样游泳对表演的"邦德女郎"。中国队在动作编排和创新上都试图用不同风格展示综合能力，不仅给人带来美感，也展示了创作人员的想象力、审美力、创作力。

（三）和谐美

和谐美通过人与水、人与人的配合、音乐的协调、动作构思与完成、泳衣颜色和风格表现得到展现。在集体项目中，运动员可通过技术与水的和谐来完成队形变化和展示动作，这是单个项目无法比拟的具有多重审美价值意蕴的作品。在几分钟的表演中，动作在统一中变化，在完美完成中不断求得新颖度和刺激感，以表现主题内容，使表演更加富有韵味和深刻内涵。在上海世界花样游泳锦标赛集体项目中，俄罗斯运动员以优美的动作元素、协调的服装、姣好的身材、一致的神态，协调配合、统一动作，将观众的注意力吸引住，真正展示了和谐美。运动员能否通过身体表达感受，取决于身体表现力和动作的展现能力，音乐也是重要因素。只有音乐和花样游泳匹配，成为一个整体，成套动作才能呈现美感，才能突破整体设计的内容框架，达到艺术境地的升华。随着花样游泳项目发展，其表演会使整套动作与音乐具有相协调的风格，从而使其主题突出。动作是声音的可视化，运动员要通过动作形象表达音乐的深层含义和技术动作背景。音乐可以通过旋律升华意境，从而产生艺术的表现力与感染力。有了旋律，动作才可以自由表达，让音乐主题、编曲内涵、动作风格达到融合的境地。

第四节　花样游泳竞技运动价值的实现路径

一、做好顶层设计和项目布局，创新体育后备人才培养模式

中国游泳协会可从整体上做好项目布局和规划，构架真正意义上的顶层设计。中国游泳协会应该在充分调研的基础上，结合面临的问题、项目瓶颈，组织有关人员（管理者、主教练员、裁判员、研究人员等），共同制订花样游泳项目的中长期规划，从普及与推广、人才培养、基地建设等方面制订可行方案与行动计划，并配以政策引导，并对普及和推广做得好的组织逐步加大帮扶力度。各省（区、市）可在统筹基础上，结合具体问题，制定配套措施保障规划的实施，保障综合资源的允分投入，分阶段制定具体的行动方略，统筹规划，确保真抓实干，将各项行动计划落地。人才培养需要贯彻"政府为主、市场为辅，拓展投资渠道"的基本理念与行动指南，把二、三线运动队办进中小学，促使后备队伍得到有效扩充，同时带动全社会来关心花样游泳的发展，扩大花样游泳的参与人群，促使其价值扩大化。中国游泳协会在全面布局和规划下，从国家、省（区、市）和市（区、县）三个层面探索政府引导、多元化培养的人才扩充模式，一方面，和教育部门探讨融合型体育后备人才发展模式；另一方面，积极吸引社会资源投入花样游泳项目的建设。从大多数花样游泳项目发展较好的国家来看，项目建设不能盲目依赖社会资源，完全实现职业化和市场化的项目不多，目前只有篮球、棒球、橄榄球等，因此，政府主导仍然是该模式的主体，我们需要探索以该模式为主，多种资源加入项目发展的混合提升模式。

二、扶持青少年俱乐部，加强政策引导和支持

花样游泳的项目发展需要突破以往依靠政府来推行的模式，发挥社会力量，利用俱乐部，制定扶持政策，促进项目的可持续、健康发展。俱乐部一般挂靠在学校、培训场馆，或由民营企业进行兜底。作为基层训练或培训的部门，他们在体育教育、项目普及和人才培养方面的作用相当明显。结合我国体育改革和社会发展现实来看，体育俱乐部也必将在上述三个方面发挥不可低估的作用。青少年俱乐部的发展是后备人才培养的重要方式与途径，当前我国

青少年体育俱乐部的发展还不够完善，虽然国家层面已经开始有明确的指导方略，但作为项目发展实施部门，项目协会没有做出实质性的扶持动作。因此，游泳协会可从俱乐部成立、赛事组织、教练员培训、场地维护等方面来提供诸多便利，也可设立专项基金对为项目普及和人才培养做贡献的俱乐部加大扶持力度，并制定措施将政策落地。

三、构建精品赛事，扩大项目的宣传力度

花样游泳项目宣传可通过大型赛事或专场活动进行，利用自媒体和传统媒介提高项目的大众认知。构建精品赛事和组织丰富的活动扩大项目影响力，让更多青少年了解这项运动，增加爱好者交流、展示和锻炼的机会。打造四个层面的赛事，即高水平比赛、提高类比赛、普及比赛和表演性比赛，其中表演性比赛可充分借助社会资源打造常规化精品赛事。对现有青少年赛事进行规范化管理，针对不同参赛对象设立不同内容，扩大群众的参与面。增加俱乐部学生的参赛机会，设立经常性友谊赛。针对不同年龄的参赛选手设立相应的赛事，增加趣味性和可参与性，强调队员的体验和认同，使更多青少年参与这项运动并喜欢上这个项目。校园宣传是最有效的推广和宣传途径之一，不仅可以以宣讲形式进行普及，还可以因地制宜，利用学校条件进行培训，结合俱乐部建设和课程，使更多学生逐步喜爱花样游泳项目。可以与教育部门紧密协调，在具备各种硬件和软件条件的中小学将花样游泳列为选修课。扩大有影响力的宣传途径是发挥榜样的号召力和感染力，发挥明星效应。可从国家队开始，利用经纪公司和赞助平台传播花样游泳项目，提高公众的认知度；还可以通过邀请优秀花样游泳运动员到学校进行宣传，激发学生的参与热情，让更多的学生体验花样游泳。地方队则可充分考虑资源的可能性，通过上述途径宣传项目的基础知识和技术动作的环节和细节，提高大众对花样游泳项目的认知能力和欣赏能力。

四、加强梯队建设，协助解决后勤保障问题

人才梯队是保持项目可持续发展的重要环节与基础要件，当前我国的花样游泳人才梯队的问题不仅是技术水平问题，更为迫切的是人才流失的问题，这些导致了队伍的年龄结构不合理，而人才流失的主要原因是学训矛盾和运动员长期发展与未来保障的问题。因此，要解决问题，需要做到以下几点：第一，始终要把队员的教育问题作为重要问题进行落实，要留住有志向、有天赋的队

员进行长时间的训练和培养。第二，必须树立正确的人才观，关注成绩的同时更要关注队员的综合素养的提升和队员适应社会变化与发展的能力。青少年的阶段训练要回归教育本质，始终把全面发展作为基本理念，文化教育不能是走过场、做样子、走形式，而是要真正提高队员的认知水平和知识文化水平。第三，只有优秀运动员的出路得到了保障，二、三线后备人才才能全身心投入到艰苦而长期的重复训练之中，要完善运动员社会保障体系，确保训练期间的文化学习，才能得到家庭和社会的全方位支持，防止优秀的后备人才断层。

五、加强业务培训，提升训练的科学化程度

教练员的综合素养包括训练理论和训练实操水平，理论水平可由理论培训得到提升，执教水平却需要通过教练员长期的训练实践总结和理论提升来提高。作为训练的设计者、组织者，教练员是训练成效的关键人物。教练员的重心应放在自选技术上，以提高专项能力来提高技术。教练员在给队员讲解动作时以动作环节和动作细节为主，以达到高难度动作的完成规格为目标。在不同训练中，教练员的很多训练知识来源于其本身经过长期训练所获得的技能，教练员用语言指导运动员训练、分析技术重点和难点、不断优化动作细节。但很多时候运动员只是机械性地模仿动作的过程，并不理解动作的本质和发力规律，很多运动员不能将动作融会贯通。运动员运动技术水平陷入瓶颈的原因是其在青少年阶段没有抓住运动素质发展的敏感期，没有针对性地发展专项身体素质。

大部分教练员为让队员在短时间获得优异的运动表现，于是加大训练量和强度，使得青年队员的基本功不扎实，导致青年运动员的运动技术专项化、成年化。这些都导致了在运动员的成长过程中错误动作的形成。这不但限制了运动员技能水平上升的发展空间，还极易成为运动员产生伤病的原因。因此，教练员训练理念的先进与否直接影响运动员能否进入顶尖运动员的行列，最终影响整个项目的健康、可持续发展。因此，需要构架花样游泳教练员培训专家组、组织编写培训教材、设计培养教练员全方位素质的教学大纲；统一训练的基本规范，从理论和实践层面提高教练员的科学训练综合素养；建立考核上岗制和选聘制，淘汰水平低的人员。为加强对教练员的培养，建议每年组织1～2次教练员培训，由中国游泳协会制订培训计划和具体方案，教练员每年需接受相应的科学化训练培训并取得资质才具备执教资格。

六、加强人才培养规律研究，提升训练成效

花样游泳的发展既体现了奥林匹克"更高、更快、更强、更团结"的基本理念，又充分展现了"力和美"的完美融合，运动员不仅要具有良好的身体素养，还要具备高水平的艺术表现力和感染力。项目发展的关键在"人"，不但要选拔出具有运动天赋的优秀人才，还需要将优秀的"苗子"培养成顶尖运动员，这需要从多个维度进行努力。在当前的社会形势下，花样游泳人才培养更加纷繁复杂，更需要掌握人才培养规律。因此，需要把握好青少年运动员身心发展的规律、花样游泳项目人才培养的基本特点和国际花样游泳发展趋向，加强人才培养规律的系统研究，有重点地发展各项必要的身体素质、技术基础、技术细节，提高训练的科学化程度，提升训练成效，促进花样游泳项目的长期、健康、可持续发展。

第十章　难美性竞技运动的价值拓展

第一节　时代背景：对美好生活的向往

一、竞技运动的时代背景

习近平在致辞第二届夏季青年奥林匹克运动会时谈到体育，提到体育是提高人民健康水平的重要手段，要将它作为实现中国梦的重要路径，体育能为民族复兴提供精神力量。竞技运动作为体育最为绚丽的文化瑰宝，具有引领、示范的效能，更应担当重任，为民族的复兴发挥自身应有的价值。

在不同历史时期，竞技运动发展在适应时代进步的同时，其提高人民群众身体康健水平的本质属性一直没有改变。科技进步和生产力水平的提高，为竞技运动发展带来了机会，在时代进步中，竞技运动的功能价值逐渐深入人心。人们发现生活质量的改善和提高都与竞技运动有着千丝万缕的关系。竞技运动在不同时代表现出复杂的功能和价值取向。因此，研究竞技运动的价值，不仅可以从历史角度深入分析其功能、价值内容和基本特征，了解其功能、价值变迁和变化规律，更重要的是能为当今竞技运动的发展提供参考。

现代社会飞速发展，科技水平日新月异，大数据、云计算、人工智能、5G科技的融入，这些都为人们生活质量的提升提供了现实可能。生活中的衣、食、住、行等元素也发生了革命性变革。因此，竞技运动对人类的发展和社会文化的进步意义非凡。时代在促进竞技运动不断发展的同时，竞技运动也在时代进步中发挥着自身的价值与功能。正确认识其功能和价值，能够帮助人们在实践中有计划地确定竞技运动的内容，选择合适的运动方法和组织形式，确立科学的运营方式和价值导向，在实践中充分发挥竞技运动带动社会大众参与体

育、提升大众身体健康水平和幸福指数的重要功能。

二、竞技运动的发展背景

随着社会体制的整体变革，竞技运动已产生了很多适应性变化，竞技运动不再只是简单的身体运动与对抗，如今的竞技运动更多地向着经济功能和社会价值的方向推进，更多是以某项竞技运动项目的整体发展为核心进行商业化运作，将职业化表演和比赛构建成商业表演等来产生经济效益。另外，随着资本的不断累积和文明程度的逐步提升，社会进步的重要表现是劳动生产的职业化和资本的不断理性化。竞技运动领域的分工细化，使竞技运动在文化发展中占据的社会地位得到承认和提升，现代竞技运动市场的产业化越来越受到全社会的重视，竞技运动的发展开始以点带面、辐射到社会的各个领域。新经济时代，简单的竞技运动与对抗将逐步被苦心经营的竞技运动产业从事者进行精心设计、统筹、谋划与组织，竞技运动的开展变得更加具有组织性、规模化和商业气息，活动组织变得更加遵循市场化运作规律，竞技运动的从事者能够在产业的各个环节获得利益，竞技运动的可持续发展变得更加具有保障。从发展的角度看，信息化社会中竞技运动的专业化和市场化运作是必经之路，竞技运动的市场化经营使其经济功能凸显，而其他价值被削弱，这也是体育事业不断推进中必然发生的现象。另外，竞技运动作为社会文化中的重要因子、公共领域内极其重要的公共产品，每个人都无法独自占有它，但它对领域内的其他产品从来没有排他性，竞技运动功能和价值的推进有助于人们分析市场、契合市场、融入市场，在整合各种优质资源以后使竞技运动获得突破性的发展。

三、竞技运动的战略背景

党的十八届四中全会后，我国各项事业改革不断推进。全民健身在 2014 年成为国家战略，竞技运动一度成为大众热议的话题，它仿佛是被突然提及并快速融入社会发展的快车道。国家和政府对体育进行更加明确和具有战略性的历史定位，从 20 世纪 90 年代就开始的全民健身计划和奥运争光计划开始进行转型，竞技运动需要服务于国家的整体战略和发展方向。竞技运动在新背景下的发展凸显出新时代的特殊历史背景，这是时代赋予竞技运动发展的历史使命，具有使命的必然性和时代特征。

2016 年 8 月 30 日，国家体育总局为加快"健康中国"和"体育强国"的构建，进一步提高竞技运动的综合能力、竞争力，印发了《竞技体育"十三五"

规划》。在此规划中，竞技运动要促进体育事业协调、健康、可持续发展，在全面建成小康社会的进程中不断发挥它的综合功能和价值。

2017 年 8 月 27 日上午，在第十三届全国运动会开幕前，习近平总书记亲切会见了各体育工作团队与代表，并强调提升竞技运动发展水平的重要意义和时代使命，指出"体育承载着国家强盛、民族振兴的梦想。体育强则中国强，国运兴则体育兴"。同年 10 月 18 日上午，在第十九次全国代表大会上，习近平总书记做了《决胜全面建成小康社会夺取新时代中国特色社会主义伟大胜利》的重要报告，报告中提及了竞技运动发展的必要性和紧迫性，足以证明竞技运动在我国社会发展中的重要意义和价值。

十九大报告明确提出："人民健康是民族昌盛和国家富强的重要标志。"这一理念将人民健康的基础作用表达得淋漓尽致，也体现了党对人民健康的重视程度已经提升到了国家层面的思维导向。新时代发展背景下，经济社会协调发展是历史发展的必然。经济发展中最重要的因素是人，人的健康和强健的体魄是一切发展的可能性的前提条件，健康的、受过教育的劳动者是国家发展的中流砥柱，竞技运动的所有行动方略和谋划需要响应"健康中国战略"，为国家的经济建设和社会发展做出应有的贡献。

从曾经的"东亚病夫"，到奥运会金牌总数第一的"体育大国"，中国在历史转折点上一直励精图治、奋勇向前，从曾经的社会矛盾是"日益增长的物质文化需要同落后的社会生产力之间的矛盾"到如今"人们日益增长的美好生活需要和不平衡不充分的发展之间的矛盾"的新时代，我们更应勇敢担负起建设"体育强国"和中华民族伟大复兴的中国梦的神圣使命与担当，国家赋予竞技运动工作者前所未有的时代责任，工作竞技运动者只有脚踏实地、一切从实际出发，牢牢把握好竞技运动发展的基本规律，才能使竞技运动的价值实现最大化。

"四个全面"战略大局为竞技运动发展开辟了迄今为止"最好的发展机遇和契机"，同时竞技运动事业也承载着更新、更高的历史使命与"责任担当"。在重大战略机遇挑战期，对难美性竞技运动功能和价值内涵进行系统化解读，全面发挥其独特的价值和功能，对难美性竞技运动服务于"社会主义核心价值观""健康中国""实现中华民族的伟大复兴"具有非常重要的战略意义。

四、竞技运动和美好生活的内在关联

"经过长期努力，中国特色社会主义进入了新时代，这是我国发展新的历史方位。"在十九大报告中，习近平指出新时代中国社会的主要矛盾：人民日益增长的美好生活需要和不平衡不充分的发展之间的矛盾。习近平指出：人民对美好生活的向往，就是我们的奋斗目标。这充分表达了党情系群众、关注民生的实干主义作风。竞技运动的各项工作必须谋民生之利，解民生之忧。

我国社会主要矛盾的变化基于国情的变化。首先，"落后的社会生产力"已不再是我国的基本国情，当前我国生产力水平相对较高，社会生产能力和制造能力在很多方面都稳步进入世界先进国家行列。其次，"人民日益增长的物质文化需要"转化为"人民日益增长的美好生活需要"，这种需要不仅是对物质文化生活提出了更高标准和更高追求的规划，而且在民主、法治、公平、正义等方面的要求也逐步提升。十九大报告提出要求广泛开展全民健身，加快推进体育强国建设，这也反映了人民群众参与竞技运动的内在需求。

随着人民收入的提高和健康意识的树立，人们开始对健康问题投入更多的关注，而竞技运动是预防疾病的有效手段。同时，满足人民美好生活需要的最终目的是为了实现人的全面发展，而人的全面发展包括智力、体力和社会适应力等的全方位发展与提升。习近平在会见体育先进集体和个人代表时明确提出，竞技运动是社会进步的风向标和里程碑，是综合国力的重要展现。竞技运动在提高人民健康水平、丰富人民精神文化生活等方面有着重要意义。因此，竞技运动也是美好生活的组成部分，对竞技运动价值的研究将有助于我们更加全面、系统地解决我国现在的主要矛盾。

竞技运动具有休闲娱乐等多维、多层次的价值和功能，对个人的强身健体，增强个人的心理素质大有裨益。同时，竞技运动与赛事对丰富文化生活、弘扬集体主义、增强民族的向心力与凝聚力有着其他社会事物无法比拟的作用。

国家要求着重推动体育强国建设，完善体育体制机制。要求引导普通大众和爱好者认识、了解、喜欢、重视竞技运动，发展体育事业时要践行以人民为中心的基本理念，通过各种工作引导人们积极参与健身活动。也要求深入研究举国体制和市场机制相结合的机制，探索强国建设新路径，使我国实现从体育大国到强国的历史性跨越。

竞技运动工作者要肩负起自身的职责和神圣使命，为我国竞技运动的发展竭尽全力、奋斗终生。提起竞技运动事业，人们会想到"跳水梦之队""举重梦之队""中国女排""乒乓长城"等国字号队伍，他们的爱国热忱、拼搏精神一直是国人心中的丰碑，竞技运动工作者不仅包括运动员，还有教练员、俱乐部从业者、竞技运动从事人员等各类人员，他们都是我国竞技运动事业发展的重要组成部分，他们的努力促进了我国竞技运动事业的快速发展。

人民群众中的体育爱好者是竞技运动事业发展的重要力量。除了国家、专业人员外，发展竞技运动事业最终还要落到群众的积极参与上来，竞技运动需要全民族的积极参与和配合。通过竞技运动，提高全民族的身体素质和身体素养，也是一个重要的发展目标。家庭是国家和社会最基本的细胞，以家庭为单位推广竞技运动是切实可行的办法。通过家庭体育带动少年儿童、青年、中老年人等各类群体参与运动，可以提高各年龄层次人民群众的身体素养。

新时代必须有新的作为和新的责任担当。在习近平新时代中国特色社会主义思想的指引和教导下，竞技运动必将站在新的历史方位上，坚持党的引领，不忘初心，以更加奋发有为的姿态，将传播弘扬竞技运动的一往无前的精神品质为基本任务，全力开启竞技运动发展的新篇章、新局面，助力新时代的竞技运动强国建设。

第二节　难美性竞技运动社会文化建设

难美性竞技运动在快速发展中，不断与社会文化融合，体现出多维价值。难美性竞技运动中的奥运会项目作为现代体育的重要组成部分，也是每届奥运会的重要项目。它不仅是竞赛日程设计的核心内容之一，也是展示民族文化精神、传播难美体育的载体和平台。难美性竞技运动的发展需要不断发现问题、推进改革，而项目改革不是孤立的问题，它关系到经济、文化、教育等诸多因素。因此，难美性竞技运动的赛事设置一直是国际奥委会改革的重要内容，需要满足项目的改革发展需要。

对于国际奥委会而言，合理设置难美性竞技运动的项目，已成为复杂的难题。随着时代的变迁，难美性竞技运动向世界展示的不再是孤立的体育现象，而是与文化、经济和群体利益相关的"人类文化史"。难美性竞技运动在社会文化发展的潮流中，在文化因素作用下，经历了多重改革。奥运项目的演变反映了难美性竞技运动的改革理念与发展的基本取向，也标志着文化的发展脉络。2019 年 8 月，国务院办公厅印发《体育强国建设纲要》，纲要明确指出要推动项目文化建设。挖掘体育运动项目特色、组织文化和团队精神，讲好以运动为主体的运动项目文化故事。以各类赛事为载体，举办以运动项目为主要内容的文化活动、文化展示。因此，构架难美性竞技运动社会文化既是响应党的十九大文化建设发展战略的举措，也是国家政策的落实和落地。

一、竞技运动项目文化的生成逻辑

文化是历史、时代发展的产物。不论什么文化——体育文化、竞技运动文化、竞技运动项目文化，单从文化生成维度，就需要了解文化样态形成和构建的机理。从政策倡导出发，以"文化构建和建设"为基本目标，振兴和活化项目文化，需要仔细研究其生成的基本途径。有人认为文化不是建设出来的，文化是靠积淀而来的。中华文明源远流长，没有专门机构在建设它，其形成和构建是政治、经济、教育等各领域的文化因子的相互交融。新时代特别强调人的主观性，相关组织和实体并不能承担文化发展的重任。真正的文化依靠长时间的累积和文化因子的集聚与适应时代发展的文化因子的留存。当然，文化也需要建构思维。个体具有主观能动性，任何时候都不是完全机械汲取与被动接受，群体和个人的思想与行为也会影响竞技运动文化的发展方向与文化形态。

文化建设是发展各项文化事业的活动形态，是各种文件中的常用词。其目标主要是创造新的文化因子，增加硬件物质条件，提高人们的思想认知与文化知识。从认知层面进行分析可以得知，文化建构符合"建构主义"的基础理念与推进方式，侧重人与环境的相互影响和交流。在通过"情景合作和会话意义的建构"的活动中，皮亚杰赞同"同化和顺应"，维果茨基认为"个体历史发展理论"应成为主流理论，认为文化是人的心理功能的中介。通过语言或者是共同的行为模式认同，我们可在环境中实现主客体间外在因素的"内化过程"。从"小文化"的形成机理可以发现，知识获得的过程是习得技能和技巧理论的过程。文化建设对于"人"来讲是不断从外界获得共同认知和技能的过程，而对于国家来讲，是"文化意识形态"不断获得人民群众认同并维护的过程。

优秀的文化传统需要不断积淀是历史发展的必然要求。社会的文化因子怎样表现在个体的语言和行为中，历史的文化传统怎样表现在个体和团体心理中，这需要有群体文化传统的积淀来保证。积淀过程是把社会的、理性的、历史的文化因子累积沉淀为个体的、感性的、直观的习惯性行为模式，它通过自然的人化的过程来确保其实现。[①] 按李泽厚先生对文化形成的描述，"积累"是"自然的人化"（内在与外在自然）中间的部分；而"美与美感"的本质，分为原始性、艺术性与生活性元素的集聚与积累，侧重"文化心理"，是人的文化

---

① 李泽厚：《美学三书》，天津社会科学出版社，2008，第72页。

心理的构架。由此可见，文化积累和文化建构具有异曲同工之妙，都作用于个体认知和群体的审美趣味。

文化积淀强调历史沉淀的"融合"与"认同"及两者的和谐发展。它们有共同价值观、追求生活的方式和稳定的民族心理。虽然文化积累是去恶存善、去伪存真、大浪淘沙的过程，但无论结果如何，善与恶、真与假、好与坏在历史的长河中无法相融共生，文化建设讲究"当代精神与真正价值"，国家的政策宣传力度不断推进，旨在获取民族共同心理的"认同"，最后构建起"文化张力"，引领不同思潮、思维模式、惯性行为的交叉与融合。

竞技运动文化也是竞争形式的文化形态与行为方式。不同组织和管理产生不同的文化表征与文化元素，形成不同的竞技运动文化及其共同的价值观和行为认同感。

这如同人的成长过程，我们可把项目发展比作人的生长发育阶段，有童年、青少年、中年、中老年、老年各个不同的特征阶段。如果不依照基本的自然和社会化发展规律，拔苗助长，就会产生较坏的发展结果。卢梭认为："大自然希望儿童在成人前就要像儿童的基本形态，如果打乱了次序，会造成果实早熟，最后的结果是它们长得既不丰满也不甜美，而且在很短的时间内就会腐烂。"[1]值得肯定的是，举国体制让部分运动员过早专项化，各个级别的教练员为了让运动员尽早出成绩，并没有按照人的基本发育规律进行训练，导致运动员的运动寿命较短，影响了竞技运动的健康、可持续发展。竞技运动文化是长期进行构建的还是日积月累而成的，关键看人民大众如何看待竞技运动的文化形态：是功利性、催熟性畸形推进和促进，还是顺其自然采取转型提升的基本理念与推进策略，从"构架"和"积淀"来把握文化的形成。这并没有触及文化生成的真正理论，"积淀理论"提出直观而感性的表达，对人们体验竞技运动文化有启发价值。

从竞技运动是游戏玩家的行为角度，可以更好理解生成理论中的主体逻辑和行为发出的主观行为。从竞技运动文化的生成逻辑进行分析，竞技运动文化的发展原因有以下两点：第一，人从游戏开始构建文化因子，文化与游戏共荣共生。竞技运动文化形态源于游戏，以游戏的形式不断获得提升与发展的土壤。文化与游戏的紧密联系表现为游戏第一，文化第二，游戏是文化的构成因子，文化是游戏的延展和副产品。第二，文化先于游戏而产生，文化的产生源

① 郭耿阳、屈冬林、邓若锋：《让学生获得积极的身体练习体验——"身体练习体验理论探索与实践"教学成果报告》，《中国学校体育》2019 年第 2 期。

于人性的外展表现和延展，即什么样的文化塑造什么样的竞技运动形式和外在形态，什么样的竞技运动文化表现什么样的人性和群体思维模式。竞技运动的游戏形态强调先验性，强调文化是游戏发展后的延展形态的衍生物，游戏的意义生成和社会性意义延展构建了竞技运动文化的本源。

部分学者将文化交流与传播当成文化的侵略与拓展，这是阶级斗争的思维模式。竞技运动文化传播更注重适应性和在不同地区扎根。竞技运动的特点需要符合各自地区的社会需求和文化融入，需要适应不同民族的"人性"和社会特征（有些还夹杂着民族主义小范围狭隘的民族传统偏见）。不同国家可选择适合的竞技运动项目文化和发展方向，不同学校可选择适合自己发展的专项运动项目，不同层次的人可选择不同的文化形态。选择在于"文化特性与本民族文化特质的融合发展"和"复杂人性的契合"。基于文化的多样性和百花齐放、百家争鸣，就不能全盘否定或认同西方的竞技运动文化，更不需要参与所有竞技运动项目。我们应在不抛弃中国传统竞技运动文化的基础上，取其精华、去其糟粕，不断将中华民族的竞技运动文化发扬光大。

二、中国难美性竞技运动项目的社会文化使命

随着全民健身发展成为国家战略以及《"健康中国 2030"规划纲要》和《体育强国建设纲要》的正式实施，在国家政策的帮扶下，中国竞技运动发展迎来了发展的春天。文化使命确立是国家政策目标实现的基本前提。因此，中国竞技运动的社会文化使命需从精神信仰和复兴使命的高度进行设计和建构。

（一）从强国建设认识难美性竞技运动的社会文化建设使命

难美性竞技运动的社会文化建设使命应从强国战略的高度来进行推进。体育强，中国强，民族体育就有兴旺发达的可能。加快体育强国建设，要把体育强国梦、竞技运动的发展和推进纳入实现国家战略的总体布局和计划。习近平在会见中国先进体育单位和个人代表时强调：体育和文化的综合实力在加快强国建设中的意义重大，要求体育跑得更快、更好、更强，为社会提供强大的正能量。习近平的讲话为确立竞技运动社会文化建设使命指明了发展路径。社会文化建设的使命和发展理念，不但体现在精英竞技运动的基础得到夯实，发展得较好，而且需要能融入国民生活方式和社会可持续发展的群众竞技运动文化发展范本。难美性竞技运动的社会文化建设使命突出规模化、大众化和群体化，通过难美性竞技运动传播文化价值，弘扬民族的特定精神特质，使为国争光、奋勇拼搏、无私奉献、团结协作的精神深入人心，推动全社会的精神文明

建设，在国际上形成中国精神范本。从参与度角度来看，难美性竞技运动在运动中展现和表达个人的情绪和思想，在培养个人道德情操方面具有亲和力。难美性竞技运动社会文化建设使命的本质特征是文化创造主体的主动性和创造性。显而易见，在参与层面上，将强国建设和群众体育的蓬勃开展高度融合，可以让难美性竞技运动为人们的幸福指数的提升发挥更大的作用。

（二）从社会主要矛盾变化反观竞技运动项目的文化建设使命

习近平指出：中国特色社会主义进入新时代，我国社会主要矛盾已经转化为人民日益增长的美好生活需要和不平衡不充分的发展之间的矛盾。矛盾变化决定了大政方针的不断调整。从党的十一届六中全会提出"我国社会主要矛盾为人民日益增长的物质文化需要同落后的社会生产之间的矛盾"之后，40年来，中国社会发生了复杂的变革和推进，从生产力落后到很多指标领先全世界，从衣食住行到全面发展，这些都表明了人们的需求与供给间的关系发生了翻天覆地改变。在竞技运动领域，中国从追求金牌数量到追求竞技运动发展的实质水平，从增强体质到对美好生活的追求，从为国争光、获得奖牌数量到不断推进文化软实力的建设与提高，从"强政府"到政府社会的融合驱动，反映了我国人民大众对竞技运动这一社会事务需求的改变。竞技运动发展方式的转变，使难美性竞技运动要强化基础战略目标的有效调整、注重顶层设计的有效性和合理性、追求精英体育与学校体育的协调发展和融合得到提升，从而为提高青少年的身体机能和素养、促进其身心发展发挥应有的作用。

总之，以竞争为载体的难美性竞技运动是成本低、影响大的社会活动形式。难美性竞技运动的文化建设应适应需求的变化，使资源配置得到优化，实现供需双向平衡。

（三）从精神信仰高度重视难美性竞技运动文化建设

竞技运动文化是典型的群众体育文化，每个个体都是文化建构的亲历者和建构者。除亲身经历和参与，还需要靠竞技运动的奋勇拼搏精神来引导改革开放以来40多年的追赶型竞技运动文化内核。[①] 目前，中国竞技运动已塑造了良好的竞技精神，形成了"乒乓精神"和"女排精神"，而在北京奥运会后，"为国争光的爱国精神、艰苦奋斗的奉献精神、精益求精的敬业精神、勇攀高峰的创新精神、团结协作的团队精神"成为中国竞技运动不断获得拓进的秘密和法宝。因此，从信仰角度来讲，关注难美性竞技运动的文化建设使命，就是要求

[①] 任海：《聚焦生活，重塑体育文化》，《体育科学》2019年第4期。

运动员发挥精英文化传播力，奋勇拼搏、不畏强手。这也是激发爱国热忱、增强民族凝聚力的有效路径，精英与群众的血肉联系是难美性竞技运动发展的内生动力。

三、难美性竞技运动项目社会文化建设的实现路径

（一）优化难美性竞技运动项目物质文化建设，提升传播成效

精神文化需要物资载体作为发展的平台和凭借。就目前而言，难美性竞技运动文化的物质表达体现为运动场地、硬件设施文化（队徽、队旗、纪念性徽章等）。体育用品文化不仅仅表现为物理形态，它的构建和提升由信息传播效果决定。例如，美式足球联盟等组织非常重视载体的吸引力。每个足球队或棒球队都有象征性的训练场地和场馆设施。团队标志意味着粉丝协会中大多数热情粉丝的审美趣味和价值理念，这在很大程度上讲究团队的共荣共生和与群众打成一片的文化氛围。

竞技运动相关的建筑是身体的扩大化隐喻，在希腊时代，广场和健美体魄作为希腊精神的载体成为抹不去的事实和历史印记。体育场馆取代了宗教建筑、工业建筑、商业建筑的主体地位，成为城市的象征性地标。因此，竞技运动文化建设的重要表达载体是体育建筑的构建与完善，体育建筑能否承载城市精神和灵魂，是否具备"场所精神"，决定了城市能否培养精英以及表现全民参与竞技运动的整体情况，[①] 反映了城市竞技运动产业的发展水准。场所精神不仅包括建筑本身的特征和风格，还包括各种文化符号（标识、海报、广告等）。更离不开的是常年比赛的队伍和与之相关的服务团队以及竞技运动项目的爱好者和支持者。因此，体育建筑实际上承载着人们的精神理念和心理寄托，是人们思想理念的外在表达形式，其和谐发展需要融合参与竞技运动的人、竞技运动项目、建筑表现形态三者之间千丝万缕的关系。

物质的外在表现形式是信息的表达和产品的合理设计。体育建筑是容纳信息的空间，而多维的信息是丰富空间的物质形式。体育文化的物化表达不仅是空间形态的建筑，更是信息载体场域。竞技运动队的队徽和队旗构成了话语体系和符号运作系统。这个体系包含辉煌的成就、独特的风格、历代队史故事以及一些与之相关的文化细节。难美性竞技运动文化依赖于人的要素而存在，文化要素完整性的缺失会导致竞技运动文化走向异化，相关行业发展也会受到限

---

① 张震：《场所精神：城市健身空间的建筑现象学研究》，《体与科学》2017 年第 5 期。

制，更难以构建稳定的文化形态。因此，关注与项目相关的符号是文化建设的重要组成。

要真正振兴难美性竞技运动文化，提升项目文化发展的魅力与活力，使项目真正成为引领社会文化的内生力量，需注重对文化附加值的提升，提高以竞技运动队和核心运动员为中心的产品构建水平。其中，最重要的任务是加强对文化产品传播力度，以符号性产品为基本载体，以信息的有效传播为基本手段，将难美性竞技运动文化转化为社会资本，不断提高难美性竞技运动文化的影响力，打造良好、正能量和积极的竞技运动形象，提升文化内涵，使难美性竞技运动的发展焕发出勃勃生机。

（二）深化难美性竞技运动社会行为建设，发挥其文化主体性作用

行为文化层以民俗形态出现，见之于日常起居，具有鲜明的民族特色。[①] 也就是说，让文化充满活力的真正有效行为是它对日常生活的亲近，即文化的本质是"地方性知识"的创新与提升，只有地方性知识才可以转化为行为模式。因此，确立竞技运动的体育文化主体性，积极实施文化行为，是推进竞技运动文化不断发展的利器。

1. 开展以竞技运动项目为核心的体育文化建设

任何运动项目都有共同点，即它具有普适性、娱乐性，并能与当地文化融合，逐渐成为一种生活需求。例如，乒乓球在中国、棒球在日本、板球在印度的发展，这些项目源于英、美等国，但最终在东方焕发出光彩熠熠的活力，逐渐蕴含东方文化元素。当一项竞技运动成为国家的象征，就意味着该竞技运动已出现在人民的日常生活中，蕴含着独特的地域特征和文化符号，构建了真正的文化主体性。总而言之，体育本身是文化载体，基于项目本身的行为文化层构建可行且充满活力的文化主体。德弗勒说："大众媒介通过突出某种主题，在受众中建立印象，被强调的内容往往具有潜移默化的暗示和引导作用，媒介就间接影响了大众审美趣味和日常行为模式。"[②] 随着竞技运动的不断发展和推进，媒体影响慢慢渗透到观众的视野之中，这时需要进一步转变理念，不断提高竞技运动的发展水平，重视媒体文化创造，发展以竞技运动项目为中心的文化。以项目为中心的价值塑造和以某种体育项目精神为载体的媒体文化传播是文化构建的基本路径。对于体育传播的媒介来讲，竞技运动是最好的传播内容之一，它具有鲜活性、真实性的场景和充满活力的文化氛围。相应地，属于中

---

① 李程：《传统文化精神与大学生思政教育》，光明日报出版社，2013，第6页。
② 吴晓霞：《教育传播学教程》，西南师范大学出版社，2009，第144页。

华民族特色的精神、气质等本土文化元素也在项目参与中凸显。因此，通过不断完善文化参与要素，塑造积极、正能量的文化形象，可大大提高竞技运动文化的内容质量，使文化的发展和推进更加具备可持续发展的可能。

习近平在听取北京冬季残奥会筹备工作汇报时明确指出："要充分利用我国丰富的文化艺术资源，以体育为主题，以文化为内容，策划组织、形式多样、生动活泼的文化宣传活动，广泛吸引社会各界积极参与。要广泛开展对外文化交流，讲好中国故事，传播好中国声音。"因此，中国体育社会文化建设要注重总结与提炼组织文化和团队精神。通过宣传推广，讲述难美性竞技故事，不断让难美性竞技运动文化获得发展的可能性，汇聚成促进体育发展的内在推动力。

2. 厘清竞技运动项目和社会生活的紧密关联

竞技运动文化建设需要把握好竞技运动与社会生活的紧密关系，竞技运动与人的关系需要不断获得发展，就不仅要掌握社会文化对竞技运动项目文化发展的影响，还要了解竞技运动对社会文化传播的作用。

因此，中国竞技运动文化需要理解竞技运动与当地社会生活的密切关联和理论逻辑。在中国，并不缺乏竞技运动的狂热者，但中国顶级难美性竞技运动比赛的观众数量却不是很多。除难美性竞技运动的技术因素外，更重要的是大众与社会竞技运动文化联系感的弱化。这会造成相应运动项目文化和社会文化仪式感不强的窘境，精神纽带作用出现弱化，难美性竞技运动的生存环境会变得非常糟糕。因此，我们应深入了解大众对竞技运动的需求，积极推动体育协会和社会性结构的建设与完善，通过加强比赛队伍与大众间的联系，通过友谊赛、互动比赛、见面会等活动推进运动项目的不断发展。难美性竞技运动与日常生活的距离可通过举办各种丰富多彩的活动来缩小。每个城市都可以把具有相对优势的竞技运动项目培育成当地的精神文化"地标"。

3. 借助活动平台加强文化传播

体育文化美包含体育之美、社会之美和竞技之美，各种丰富多彩的活动都建构在体育社会文化之美的载体之上。美的进一步发挥需要以赛事为抓手，宣传竞技运动项目和知识、人文内涵，在努力打造明星之美的同时，开展公益活动，树立良好的正能量形象，使优秀运动员成为青少年的偶像，通过明星效应，把体育社会文化之美表现得淋漓尽致。

推动竞技运动文化发展是体育强国的重要抓手。虽然现阶段我国竞技运动文化建设取得了较好的成绩，但我们还有很长的一段路需要走，特别是竞技运动精神文化建设受到惯性思维的影响而使其发展受到限制。

（三）深入挖掘难美性竞技运动文化内涵，凝练精神

文化主体性行为建构离不开对精神的凝练和提升，从根本上说是对文化内在元素的探究。很多竞技运动项目在我国曾是舶来品，要挖掘其精神内涵就需要在原有的文化内涵基础上进行重构与提升。因此，在挖掘社会文化内涵时，不仅需要关注项目本身的文化属性，还需要对其历史背景和发展阶段有良好的把握，既要从广义上分析主体文化内涵，又要注意分析地域风俗思维和社区结构的传统，解释其形成的历史背景和地方特色，找出普遍技术文化基因的形成机理与必要元素。

在挖掘和总结竞技运动发展的工作中，保存好史料是构建文化观念层的主要要求、任务和手段。难美性竞技运动的成长历史，也是难美性竞技运动文化的发展史。保存难美性竞技运动的历史资料是构建原汁原味并具有创新性的文化产品的前提条件，从业者需要提升尊重历史的基本素养，要保存技术指标的数据，建立优秀作品的档案，总结和归纳历史数据，对已有的图片数据和文字数据等进行仔细分析，可建立博物馆或荣誉室，或利用网上博物馆资源传承和推广竞技运动的文化特质，使博物馆或荣誉室成为青少年竞技运动俱乐部的活动基地。

推动中国传统竞技运动走出国门、走向世界，传播和推广中国文化，通过难美性竞技运动把自己的历史文化转化为共享的文化元素，把价值观转化为普世价值，这需要竞技运动的从事者付出极大的心血和精力。虽然这不会直接促进现有竞技运动的快速发展和提升，但从长远角度进行分析，可以发现，如果民族传统竞技运动蓬勃发展，可加强其与世界优秀文化之间的关联和互动，吸引相关从业者和产业资本，促进文化的传播和产业经济的发展。加强对中国优秀传统体育的挖掘和推广，传承优秀传统竞技运动文化，对竞技运动传承人给予支持，通过举办比赛，使优秀传统竞技运动得以传承，在国际舞台上得到不断推进，使中国竞技运动的赛事和推广活动最终转化为话语权，增强中国难美性竞技运动的国际影响力。

（四）注重文化培育，充分发挥新举国体制优势

举国体制为中国体育发展提供了强大的发展动力。当有人否定难美性竞技运动的国家体系时，就有可能忽略了难美运动员作为民族精神弘扬的符号和载体，不仅代表个人，更是凸显了国家的整体形象。难美性竞技运动是国家政治、经济水平和国家综合实力的体现，与国家荣誉密切相关，代表的是整体而非局部。从国家层面来说，难美性竞技运动的整体水平还需要从各个维度进行

提升和促进。

中国的举国体制有其制度优势。但是在国家制度转型中，注重制度文化建设是新时代竞技运动发展的基本任务，完善和建立"新体育制度"，建立"强政府"与"强社会"齐头并进的制度结构符合新时代发展的基本要求。政府负责制定管理体制和规范，为难美性竞技运动的社会化、产业化提供导向，要关注各种社会组织、协会、社团的可持续发展，要由"为国争光"向"为国争光兼顾服务于广大人民群众"的人文导向转移；由"政府单一主体"逐步向"政府主导和社会主体各方共同推进竞技运动发展"转变；由"封闭式技术主导"向"开放性多元化"的人文内容转变；由"体育系统内生"向"系统内外拓展"的管理模式转型。[①] 这样既能发挥制度优势，又能保证难美性竞技运动在人民群众中得到广泛的推广和拓展。特别是在向竞技运动强国不断迈进的过程中，需要充分发挥制度优势，才能在复杂的社会环境变化中，把握"方向盘"，找到竞技运动发展变化的"稳压器"，促进其健康、可持续发展。

我国难美性竞技运动的社会文化建设亟待推进。这需要认识到难美性竞技运动的社会文化事件发展的社会学规律和推进机制。一方面，我们要从传统和习惯中总结我国优势难美性竞技运动项目获得发展的成功经验。另一方面，我们需要认识到难美性竞技运动的价值和发展的不利因素、短板，需要在改革和创新中不断前进。总之，我们需要重视难美性竞技运动文化的构建，充分借鉴该项目领先国家的既有发展策略，为难美性竞技运动的发展不断开拓新局面。

第三节　难美性竞技运动创新发展方向

党的十九大报告中指出："要广泛开展全民健身活动，加快推进体育强国建设。"时代发出了竞技运动建设和发展的最强音，其具体目标是实现体育强国的构建，关注人民群众的实际锻炼需求，突出竞技运动的社会价值。中国从"体育大国"到"体育强国"的转变，需要从国情出发，要求以竞技运动为改革路径的方略要有新使命、新责任和新担当。

竞技运动发展的核心目标是增强我国竞技运动的国际影响力，更好地发挥竞技运动在提高大众参与度方面的作用。这就需要用新理念、新思维模式去思考新时代竞技运动的发展方向，用新理念、新理论去指导新时代竞技运动的具体实践。

① 王凯：《论"新举国体制"》，《体育学研究》2018 年第 4 期。

一、以新思维模式把握中国竞技运动发展新走向

习近平指出了强国梦与中国梦之间的辩证关系，这给竞技运动赋予了新的具体任务和时代使命与担当。在建设体育强国的征程中，竞技运动要以服务"五位一体"（经济建设、政治建设、文化建设、社会建设、生态文明建设）国家战略布局为奋斗方向，适应现代体育强国的新要求，将实现自身发展和社会进步作为奋斗的基本方向，以新思维充分认识时代赋予的光荣使命，用新理念科学引领竞技运动发展新走向，充分发挥竞技运动在建设社会主义国家征程中的重要作用。

（一）转变为新的难美性竞技运动发展方式，丰富体育发展新内涵

我们要从传统的成绩主导转换成为助推社会产业结构的升级，服务新时期的国民经济和社会转型发展，通过打造多门类、多层次的赛事品牌，将竞技运动产业提升为服务业中的重要组成部分，为社会健康消费和经济发展提供内在动力。要从"荣耀体育"向人民群众的竞技运动转变，从突出世界大赛优势向难美性竞技运动协调发展方向迈进，从重视数量、规模向重视质量转变，促进各类型难美性竞技运动的均衡发展，实现竞技运动的专业化均衡发展和区域布局的平衡发展。奥林匹克战略需要从注重数量和规模转向注重效率，提高竞技运动的国际竞争力，通过难美性竞技运动宣传我国社会主义建设取得的巨大成就，突出人民对美好生活向往的新追求。要从"追赶型"向"可持续型"转变，不断为运动项目的创新化发展注入新的活力，塑造与体育强国相适应的发展观，树立遵守国际规则的模范和典型，更加注重在赛场上表现出的气质和精神面貌，为新时期的国家各项建设提供发展新动能。

（二）确立新的运动价值导向，适应体育强国建设新需要

我们要从民族复兴高度确立难美性竞技运动未来的发展思路，把握现代化建设与体育强国建设的辩证关系，深入挖掘难美性竞技运动在政治、经济、文化层面的积极因素，让其在中国特色社会主义建设中发挥最大的作用。在新的时代，为国家争光不仅是神圣使命，也是新时代社会发展的新要求。我们要把难美性竞技运动发展与国家命运紧紧地联系在一起，满足人们对美好生活向往的需求，拓宽竞技运动的多元化价值，从只是为了提高中国竞技运动的国际影响力转向切切实实提升人民群众的获得感和幸福感，改变竞技运动发展和推进的方式，为提高少年儿童和青少年的体质，促进他们的人格健全和社会化贡献力量。要从提升竞技运动项目的运动成绩和奖牌总数向服务大众的人文价值转变，为新时期提升国家的文明程度服务。我们要大力挖掘竞技运动独特的人文

价值，深入实践竞技运动的服务功能，积极弘扬中华体育精神，利用难美性竞技运动的精神文化弘扬健康的价值观，构建难美性竞技运动在民族文明和社会和谐发展中的新作为、新担当。

（三）找准难美性竞技运动新的发展趋向，助力"健康中国"建设新要求

新时期的难美性竞技运动需要适应"大健康"的发展需要，着眼于人民群众的锻炼和健身需求，促进人的幸福感的提升，从"金牌导向"向"以人为本"转变，从少数人参与的竞技运动形式向绝大多数人参与的社会活动转变，积极引领全民健身工作的开展，为"健康中国"做出积极贡献。我们要从关注训练和竞赛向提高人民体育素养和人文精神转变，使难美性竞技运动积极融入群众体育工作，在体育社团组织、大型赛事举办、场馆设施质量提升等方面引领全民健身的积极推进。这是促进人民群众形成健康生活方式的努力方向和社会的实际需求。我们需要利用难美性竞技运动独特的精神气质、带动效应，吸引更多的人参与到丰富多彩的竞技运动锻炼中来，促进群众体育的快速推进。要推动儿童和青少年竞技运动的发展，使之成为提高儿童和青少年素养和人格的重要路径，在遏制青少年视力下降、体质弱化、免疫力下降等方面承担新任务，满足"健康中国"战略中在青少年素养提升方面的建设需求。

（四）构建新的难美性竞技运动管理模式，提升体育治理能力水平

新时代，我们要适应治理体系和治理能力现代化的建设需求，不断优化难美性竞技运动的发展模式，推动其从"垂直"治理向"平行"治理、"中心—边缘"向"网络型"结构的转型升级，通过提高对难美性竞技运动的治理能力引领治理现代化的进程。难美性竞技运动要承担起提高体育治理能力现代化新任务。通过协调政府、社会和各项目协会的关联和利益关系，创建共建治理、共享治理的新局面和新气象。要从政府"一轮驱动"转变为政府、市场、社会和个人共同治理的"四轮驱动"，进一步明确国家、社会和市场在难美性竞技运动治理中所扮演的角色，做到人尽其能、物尽其用、各司其职、协同共进。增强难美性竞技运动的社会活力，最大限度地发挥其服务社会的多维作用。要进行多机制的耦合创新，由粗放型管理向集约型、精细化管理模式转变，以新时代社会改革的内在动力为推进力和积极元素，不断优化结构、创新技术、提高效率、优化模式，构建面向市场的组建模式，推动难美性竞技运动项目由人员密集型向质量型转变，推动其向集约化、内涵式推进模式转变。

二、以新理念系统谋划中国难美性竞技运动发展新举措

"创新、协调、绿色、开放、共享"的发展观是实现我国现代化的理论基础要件，也是新时代竞技运动发展的理论基础。面对新使命、新要求、新任务和新担当，难美性竞技运动要围绕现代化建设布局，以"五个发展理念"（创新、协调、绿色、开放、共享）为理论指导，优化竞技运动的发展模式，科学规划难美性竞技运动的发展路径，使其更好地融入发展大局，提高为国争光的竞争力，努力开拓新时代社会主义竞技运动文化建设的新局面。

（一）建立举国体制和社会市场相结合的新体制

新时代的难美性竞技运动要求坚持创新发展，以开放理念创新此类竞技运动的发展模式，全面推进"放、管、服"的改革具体措施，建立难美性竞技运动发展新机制和新办法；要大力推进"扁平化"管理，综合利用计划与市场这两只看不见的手，厘清举国体制和市场机制的千丝万缕的关系，创建管治分离、内外联动的治理新气象；要构建与社会相适应、充分利用资源、依靠社会力量的治理体系，建立多元参与的模式；要处理好政府、社会、市场、项目协会的关联，加强服务型治理，以协会、社会、市场为治理的主体，构架政府管理、协会领导、市场自主的治理新气象。

（二）打造国家和社会多元化参与的奥运备战新格局

新时代的奥运会筹备工作需要创新思路，如"以筹备促改革，以改革促筹备"的发展路径，坚持创新、开放、协调的基本理念，开创奥运会筹备组织、管理、运行的新局面。要创新备战奥运会的政策体系，建立多方支持的备战奥运会的治理格局，通过整合机构资源，完善备战制度和资源的来源渠道，调动全国备战积极性，吸收社会主体参与备战，提高备战主体的整体活力；要大力推进跨项目选材和资源整合的力度，制定不同项目的个性化的备战策略，激活通过各种人才选拔渠道构建人才培养体系的机制，建立多元联动的层次选拔体系，完善人才培养和选拔的市场化运营体系；要建立科技援助的基本理念，加强科技支撑，大力推进竞技运动训练的科技干预，完善科技援助，提升奥运备战计划的科学性和系统性，形成"科研—训练—支持"的科学化备战体系。

（三）构建"四位一体"的难美性竞技运动人才培养新模式

我们要创新人才选拔模式式，科学整合教育、体育、社会和个人的积极因素，促进体教融合，打造多方投入的人才培养和选拔体系。要推进国家队运行模式多样化，依靠各种运动项目协会、俱乐部、市场等资源组建具有多样化资源的国家队，在各类学校、体校中选拔具有天赋的优秀运动员"苗子"；要完

善公平、公正、公开的竞技运动后备人才选拔机制，创新小学、初中、高中相互协调和配合的人才培养机制，通过培养后备人才的梯队化体系，不断优化培养网络，大力推进跨境、跨项目的运动员选材和培养的新格局，形成具有天赋的选手培养选拔的公平机制；要建设高水平的管理团队，完善激励和奖励机制，激发各种队伍的活力，完善收入分配和激励政策，完善教练员、裁判员等多层次人才的后勤保障条件，培养能够适应未来竞技运动训练要求的复合管理和服务团队。

（四）提升难美性竞技运动训练的科学化、智能化水平

新时代的难美性竞技运动要创新训练和竞赛模式，提升科技支撑的实效性和积极性，促进科技与实践的有效结合，提升组织过程中的科技含量，推进科技援助。科技援助与训练的结合可引进大数据和人工智能，推广使用新材料、新设备，加快场馆智能化的快速升级，促进高科技在训练中的常规化运用，加快基础设施的提质增效。要建立与训练实践相结合的服务体系，广泛吸收社会力量参与科技援助，通过搭建经验交流平台、建设智能场馆、提高训练监测科学化、信息化水平来增强后勤服务功能。促进培训、科研、医疗等要素的融入，要加强团队建设，建设集体能、康复、科研、营养、心理于一体的复合化智囊团，提高团队攻坚克难的能力、技战术创新能力、管理的精细化水平。

（五）建立与体制转型相适应的现代化竞赛新体系

新时代的难美性竞技运动要推进竞赛的社会化、科学化，不断扩大竞赛种类，完善中国特色竞赛体系，逐步构建具有特色的、形式多样的管理体系。要推进竞赛制度社会化、科学化，完善竞赛组织和管理方式，提升举办和参加竞赛的灵活性、规范性和产业化水平，使竞赛进入常规化开展的良好局面，开展各种系列赛，满足不同地区、不同水平的人们参与比赛的需求；要创新中国特色职业竞技运动的发展方式，做好职业体育联赛的顶层设计，充分调动有资产的社会主体投资难美性竞技运动培训和比赛的积极性，构建依靠政府、依托市场、协会主管的发展局面，建立中国特色职业联赛的发展框架；要培育具备影响力的品牌赛事，挖掘不同项目的发展潜力，打造高水平职业品牌，积极推动俱乐部进入市场参与激烈的竞争，形成不同类型、层次的多维赛事发展格局。

三、深刻认识中国难美性竞技运动发展新内涵

中国难美性竞技运动要紧紧围绕现代化建设的基本战略，把难美性竞技运动纳入各项事业发展全局来进行全面的、系统的规划。要坚持"广视野、高标

准、强特色、高起点"，推进难美性竞技运动的"五位一体"建设，增强其国际竞争力，实现难美性竞技运动的可持续发展，促进难美性竞技运动更好地融入新时代国家发展的整体要求。

（一）目标导向要明确

在难美性竞技运动发展的过程中，要始终坚持以人民幸福和安康为中心的发展目标，立足全面建设社会主义现代化体育强国的基本目标，坚持中国特色难美性竞技运动发展的道路，坚持实施奥运为国争光的战略，坚持以创新驱动为内在动力，坚持以人的全面发展为培养方向，充分发挥难美性竞技运动的多元化社会服务作用，为实现民族复兴开创新局面、体现新担当。

（二）思想引领要提升

在难美性竞技运动的发展过程中，要以习近平新时代中国特色社会主义思想为行动指南，以国家"四个全面"和"五位一体"总体布局为思想引领，以建设体育强国为基本奋斗目标，以服务幸福社会、满足人民群众美好生活需求为出发点，坚持以提升人民的幸福指数为奋斗方向的发展观，以脚踏实地、奋发有为的行动作风引领难美性竞技运动奋进的方向，开启难美性竞技运动事业发展不断前进的新局面。难美性竞技运动的不断发展和提升是其价值实现的关键。习近平指出："发展问题是党执政兴国的第一要务，是解决中国所有问题的关键。"新时代的难美性竞技运动要坚持"创新、协调、绿色、开放、共享"理念，遵循其发展规律，着力于提升难美性竞技运动的国际竞争力，推动难美性竞技运动向更高层次迈进，不断增强其发展的内在动力，使其在实现"两个一百年"奋斗目标中发挥新作用，实现其应有的社会价值。

（三）改革创新要坚持

在难美性竞技运动的发展过程中，要紧紧围绕体育强国建设的要求，坚持以深化改革为引领，以优化布局为重点，加强管理部门和社会组织的联动、协同，形成合力，全面深化难美性竞技运动体制机制改革和创新，推进地方总会、单项协会、运动队管理体制、选拔机制等改革，不断创新难美性竞技运动的发展模式，提升难美性竞技运动管理的现代化水平。

（四）市场参与要融入

难美性竞技运动转型升级需要转变其发展模式，拓宽难美性竞技运动的发展思路，引入市场竞争机制，协调好政府、社会、市场、协会等主体元素之间千丝万缕的利益关系，调动社会力量来发展难美性竞技运动，推动政府、组织和市场之间的协同管理；整合多方优质资源，运用计划和市场两种手段，协调

举国体制和市场竞争之间的关系，建设活力、创新型难美性竞技运动发展局面，为创新型举国体制注入发展动力。

四、以创新型理论指导中国难美性竞技运动发展实践

理论创新是难美性竞技运动发展的关键，也是实现难美性竞技运动结构转型升级和高质量发展的前提。如果没有创新，难美性竞技运动便只能在原地徘徊。因此，发展中国难美性竞技运动需要增强理论和实践创新能力，要重视难美性竞技运动几十年的发展经验，尊重运动项目的发展规律，增强自主发展的信心。在此基础上，我们要以习近平新时代中国特色社会主义思想为行动指南，以新的战略布局为导向，深化难美性竞技运动的改革，重构系统完整、协同创新的发展模式，处理好以下方面的关系。

（一）功能和价值

我国新时代的难美性竞技运动发展呈现多元化趋势，既承载着政治功能，也肩负着体育产业发展的光荣使命。我们既要明确为国争光是神圣的历史使命，也要认清服务社会是应有的时代担当。由此，我们一方面要继续提高难美性竞技运动的国际影响力和竞技能力，提高为国争光的能力，通过为国争光引领全民健身事业的不断推进，利用国际赛事提升国家形象、展示民族精神。另一方面我们也要认清为国争光并非难美性竞技运动的唯一功能，新时代的难美性竞技运动要进一步拓宽价值的维度，找到更多的实现价值的客体，从单向的为国争光向服务社会转变，从单纯追求技术水平向提升人民大众的幸福指数转变，通过难美性竞技运动促进大众竞技运动发展，为群众体育提供丰富多彩的文化产品。通过难美性竞技运动带动竞技运动发展，促进我国竞技运动产业结构转型升级，不断挖掘难美性竞技运动的经济、文化和教育价值。

（二）结构和效益

我们要处理好难美性竞技运动发展中结构和效益的辩证关系，要转变传统观念，优化难美性竞技运动发展方式，推动难美性竞技运动从要素驱动向创新驱动转型升级，从依靠资源向依靠科技转变，从重数量向追求质量转变，从人力密集型向科技型转变，提高难美性竞技运动整体素质，推动其内涵式发展。另外，我们要统筹项目结构，建立合理布局，从突出优势向推动项目结构协调转变，统筹奥运项目和非奥运项目、夏季项目和冬季项目、优势项目和潜优势项目的全面均衡推进，追求项目结构的整体效益。我们还要预测难美性职业化发展的可能性发展模式，根据市场化程度进行全面分析，不断推进有条件的运

动项目走职业化路径，利用市场资源提升水平，提升为国争光的能力。

（三）普及和提高

"在普及上提高，在提高下普及"是处理竞技运动和群众体育两者关系的重要方略。竞技运动和群众体育是现代体育两个重要的组成部分，两者同质异形、关系密切，都是体育发展的重要维度。我们要处理好普及和提高的关系，首先，要树立体育整体的发展观，明确发展目标和奋斗的方向。党的十九大确立了以人民为中心的发展思想，这要求我们在处理普及和提高的关系时要树立"大体育"观念，以满足人民的体育需求为基本的奋斗目标和前进方向，明确群众体育是难美性竞技运动获得力量的重要支撑条件。其次，我们要提升难美性竞技运动的国际影响力和实际的竞技能力，提升难美性竞技运动的硬实力和软实力。此外，我们要通过难美性竞技运动提升群众的体育参与度，通过难美性竞技运动引领功能助推全民健身战略，最终实现难美性竞技运动和群众体育的协同。

（四）训练和竞赛

训练和竞赛是难美性竞技运动项目的两个方面，两者有不同内涵，运动训练是积累，而运动竞赛是表现，训练是过程，竞赛是结果，两者间既相互关联，又有着诸多的区别，但两者的最终目的都是提高成绩，获得令人满意的比赛结果。随着难美性竞技运动对训练和比赛要求的提高，高水平难美性竞技运动对训练和比赛提出了更高的要求，这就需要我们认清两者内在的关联性。首先，训练是比赛的前提，优异的成绩是建立在艰苦训练之上的，训练的实效性会影响运动员竞技能力的发挥。此外，竞赛不是训练的唯一目标，只是训练的一个必然的组成部分，竞赛可以产生训练效应，也是训练的特殊组织形式（如以赛代练），可以锻炼运动员的竞技能力，是提高训练效果的实施路径。在实践中，我们要根据不同情况处理两者之间的关系，贯彻"以赛代练、以赛促练、赛练结合"模式，不断提高二者的一体化构建水平。

第四节　难美性竞技运动在新时代发展中的价值体现

一、难美性竞技运动价值在国家层面的体现

难美性竞技运动能体现国家制度的优越。我国体育健儿展示了正能量、新担当，展示了"人生能有几回搏"的艰苦奋斗精神。实现"两个一百年"奋斗目标、实现民族复兴，需要这样的拼搏精神。在某种层面上，体育精神和国家精神达到了契合。党的十七届六中全会审议通过的《中共中央关于深化文化体制改革推动社会主义文化大发展大繁荣若干重大问题的决定》明确了增强国家软实力、建设文化强国的时代使命。体育强则中国强，国运兴则体育兴，竞技运动的兴旺发达承载着国家富强、民族复兴的愿景。竞技运动在国际舞台上除了展现水平，还需要切实提高人民群众的获得感。从毛泽东的"发展体育运动，增强人民体质"、邓小平的"把体育运动普及到广大群众中去"、江泽民的"百年奥运，中华圆梦"、胡锦涛的"自强不息，奋勇争先"到习近平的"每个人的梦想、体育强国梦都与中国梦紧密相连"，领导人在不同的时代背景下，阐明了实现体育价值是时代使命，不仅回答了"为国争光"和"健康中国"的辩证关系，而且强调了竞技运动在振奋精神、汇聚力量、促进健康等方面的独到价值。

二、新时代难美性竞技运动价值在社会层面的体现

（一）竞技运动价值和平等

难美性竞技运动在平等价值上的体现首先体现为男女平等。在《奥林匹克宪章》中，奥林匹克精神被理解为"互相了解、友谊、团结、公平竞争"。竞技运动与性别、种族、肤色并无任何关联，这体现出男女平等的观念。由于历史原因，女性在社会实践中的地位一直不高，但是在现代竞技运动中，女性获得了与男性同等的尊重和酬劳，获得了平等对待。

竞技运动中特设残疾人比赛。残疾人在社会交往中一直不被重视，但是在竞技运动中，有专门为残疾人设置的比赛——残运会，他们在比赛中获得的成就感，可以使他们对生活更加热爱。

（二）难美性竞技运动和市场经济发展

当今我国经济保持上升之势时，竞技运动的发展也蒸蒸日上。尤其是改革开放以来，人们的物质生活越来越丰富，精神生活却没有得到相应的提升，因此难美性竞技运动大有可为。挖掘竞技运动的经济价值能促进社会发展、文化繁荣。竞技运动的经济价值逐步进入投资者的视野，使得难美性竞技运动为国家、地区和民族的经济发展注入了活力。市场和社会因素的加入，使难美性竞技运动的职业化和产业化趋向日益明显，并成为第三产业中的具有活力的朝阳产业之一。

在计划经济条件下，竞技运动逐步发展成为具有政治色彩的事业，为国争光是唯一任务，是由国家供养的事业。当时的竞技运动等同于为国家争得荣誉，脱离了强身健体的体育本质，有人甚至发出感叹：单纯为了获得金牌的竞技不属于体育。然而，随着具有中国特色社会主义的市场经济体系的建立，社会人士对竞技运动有了参与、观赏、娱乐的需求，随之产生了与竞技运动相配套的产业体系。难美性竞技运动以它本身具有的集体交流、审美趣味等精神和心理价值，给人们提供视觉盛宴，使投资人获得门票、电视转播等回报。同时，以运动会等模式，为厂商、企业的各种产品提供广告推广的契机；竞技运动明星可成为厂商、企业的产品形象代言人；明星效应可带动群众的高度参与，从而带动场馆建设，运动服装、器材的生产、销售，医疗保健和健康科研的发展等，形成相互关联的竞技运动产业体系。

（三）难美性竞技运动与社会和谐稳定

现阶段，难美性竞技运动比赛的培育有待加强，难美性竞技运动的常规化比赛规模还不大。难美性竞技运动契合了人们对美好生活向往的需要，成为社会发展中重要的社会文化内容元素。促进社会和谐与可持续发展是难美竞技运动的时代使命和命题。在体育强国建设中，竞技运动可提供运动项目资源和精神动力，对促进社会生活方式的改变、政治稳定、文化繁荣具有重要价值。人们在生活中或多或少会积累一些不良情绪，通过难美性竞技运动的锻炼，他们往往变得乐观、开朗，并充满积极的正能量。

三、难美性竞技运动价值在个人层面的展现

难美性竞技运动价值在个人层面表现为热爱祖国、爱岗敬业、保持诚信、友善合群，体现出"以人民为中心"的竞技运动精神。

（一）难美性竞技运动价值和爱国

爱国一直以来都是凝聚人心的核心要素和最基础的价值观。爱国作为公民的义务和品德，具有鲜明的时代特点。现代竞技运动被认为是体现民族体魄、精神的窗口，高水平的难美性竞技运动赛事能激发爱国热忱，鼓舞人民大众积极向前、奋发有为。

由于难美性竞技运动文化的独特元素、文化地位和社会价值，优秀运动员常常被青少年视为行动偶像与学习楷模，这些运动员成了形象大使，人们对他们寄予厚望，他们所体现出来的爱国奉献、顽强拼搏的精神，能极大地振奋人们的心灵，激发人们爱党、爱国、爱家的热忱和情感。[①]在重大比赛中，中国体育健儿不畏强手、奋勇争先，生动诠释了竞技运动精神和中国传统体育文化的精神元素。运动员在赛场的出色表现让亿万国人热血沸腾，大大提升了其国家和民族的自豪感和自信心。竞技运动激发的爱国热情和民族精神，是其他社会事物难以产生的，具有不可替代性。

（二）难美性竞技运动价值和爱岗敬业

爱岗敬业首先是精神层面的感情，其次表现为现实中的务实苦干。敬业的字面理解是珍视、热爱、忠于本职工作，对工作和生活充满热情，自然而然地将对待工作的热情转化成对集体的热爱。每个整体，都是由无数个个体组成，民族的强盛是由优秀个体的卓越表现来践行的，个体奋勇争先、充满斗志、艰苦努力，那么国家和民族就有希望。人们能否苦干巧干，站好自己的岗，做好自己的本职工作，这不仅关系到自身的生存发展，也关系着国家和民族的命运。

比赛因其不确定性特点可产生非常多的悬念，而悬念的解决需要运动员长期的敬业奉献作为支撑条件。因为难美性竞技运动的运动员形成的奋进意识，只要比赛还没有结束，运动员就会竭尽全力做到最好。竞技运动训练是长期、系统、枯燥的重复练习，训练中还可能会受伤，优秀的运动员总是会默默坚持。这种敬业精神可融入日常生活，深刻影响竞技运动参与者的一生。

（三）难美性竞技运动价值和保持诚信

体育诚信是诚信体系的重要组成，它在塑造理想、规范行为等方面对健全人格的塑造具有重要意义。诚信在难美性竞技运动领域显得尤为重要。失去诚

[①] 韩丹丹：《80年代以来我国难美性项群优势项目训练理论进展研究》，硕士学位论文，南京体育学院，2013。

信这一基本要素，就失去了难美性竞技运动活动组织最重要的公平、公正，这不利于竞技运动的长期、健康、可持续发展。

难美性竞技运动具有教育价值，它不仅对人的思想意识有潜移默化的影响，也对人的"三观"的形成有重大影响。[1]另外，具有诚信意识是国家、社会、个体发展的前置因素，是竞技运动中的公平、理性、协作的行为规范，营造了保持诚信的氛围，可促进人的道德品质的提升与个人素养的全面发展。

（四）难美性竞技运动价值和友善合群

竞技运动的本质特点包括竞争性和对抗性，一方面，对手是阻碍通向胜利的"拦路虎"；另一方面，对手间的良性竞争是将优秀运动员推向更高竞技平台的助力因素。社会倡导的化敌为友式的互动，其背后是竞技运动规则作为制度保障。赛场上的敌我矛盾由共同规则进行约束，友善合群是难美性竞技运动参与组合的基本素养和道德品质。中国梦主要涵盖了国家富强、民族振兴、人民幸福等目标，习近平指出，"体育是提高人民健康的重要手段，也是实现中国梦的重要内容，能提供凝心聚气的强大精神力量"。难美性竞技运动汇聚中国力量，和中国梦同向同行，能促进友善、合群的社会氛围的营造，促进"健康中国战略"国家目标的实现。

四、难美性竞技运动促进"健康中国战略"的实施

难美性竞技运动的练习者通常是在美妙的音乐旋律中，专心致志地把细腻的情感注入动作之中，并以曼妙的肢体动作展示自己的不凡身手，塑造出美的姿态、造型，达到竞技运动与艺术的审美趣味、健与美相互呼应的良好意境。难美性竞技运动项目的练习对身体形态、肢体姿态、心绪情绪等有较高要求，经常进行练习可以塑造良好的形体，可以提高协调能力以及提高骨骼的骨密度，具有非常积极的健与美的作用。从心理学角度来分析，人的心境存在心理暗示，在练习的过程中，能消除情感的压抑感，缓解竞争压力，从而达到消除烦恼、净化心灵的目的。随着年龄的增长，人的记忆力会逐步衰退，在难美性竞技运动练习中，注意力集中在听力和肢体动作的记忆。经过练习及对脑神经持续不断地刺激，可以减缓记忆力减退、身体机能的下降，达到健脑、延年益寿的效果。进行难美性项目的练习，可以使人的心、脑和呼吸系统获得良好的

---

[1]　徐小建、汪康乐：《难美竞技项目制胜因素异同性研究》，《体育文化导刊》2011年第7期。

锻炼，从而促进健康，延缓衰老，提高人体的免疫力，达到增强体质的效果。

2016 年 10 月 25 日，国务院印发《"健康中国 2030"规划纲要》，旨在推进"健康中国"的建设，切切实实提升人民的健康水平。《"健康中国 2030"规划纲要》从健康产业和健康推进措施入手，把健康融入政策、路线，内容包含医疗、卫生、环境、食品、药品、健身休闲、健康产业等多层面、多方向、多维度的具体实施意见。① 而竞技运动的进一步推进和发展，是"健康中国"的重要内在动力元素。"健康中国"需要形成群众体育、体育产业、竞技运动"三驾马车"的并驾齐驱，把"健康中国"目标融入具体的体育社会实践。难美性竞技运动发展契合"健康中国"建设，"健康中国"建设也能为难美性竞技运动发展拓宽道路。②

"四个全面"战略布局为我国难美性竞技运动发展拓宽了发展路径并指明了方向。而"健康的体魄"是最基础、最具有普遍意义的美好生活向往。难美性竞技运动的"健康追求和导向"体现在：第一，促进难美性竞技运动直接参与者的健康是该类项目健康发展的基础要件；第二，难美性竞技运动引领大众锻炼和学校竞技运动的推广与提升，其所倡导的健康理念将会吸引更多的人参与难美性竞技项目。

难美性竞技运动产业是朝阳产业和健康产业，它作为新兴的全民可以参与的社会活动，其职业化、产业化发展为经济发展注入内生动力。另外，为响应国家号召，竞技运动倡导体育竞技要带动相关产业的发展。例如，体育管理部门在职能发挥上，应充分实现竞技运动在建设"健康中国"、推动经济转型、增强国家软实力等方面的价值；在训练方法和手段的科学化提升上，从时间、地点、方法、训练量度的选择上，都要更加细化并遵循运动训练的基本规律；教练员应融合健康因子于竞技参与者的训练之中；在竞赛规则的完善方面，高水平竞赛应该允许社会群众的报名，应该独立开设群众体育项目。第 13 届全运会就是明显的"融入健康因子"的范例，本次全运会调动了大众参与竞技运动的积极性和兴趣，让业余水平的竞技锻炼者也有机会参与大型比赛，提高了社会群众的整体健康水准，推进了"健康中国"战略的落地生根。

---

① 张劲松、孟述：《健康中国背景下"高校＋社区"老龄人口体育驿站建设路径探析》，《辽宁体育科技》2021 年第 43 卷第 4 期。

② 唐胜、叶明志：《面向"健康中国"目标的社区公共体育服务体系完善思考》，《北京印刷学院学报》2021 年第 6 期。

参考文献

[1] 曾丹.表现难美性项群教练员审美能力对运动员技术风格的影响 [D].成都：成都体育学院，2014.

[2] 孙文树，葛雪珍，樊申元.不同竞技运动项群对大学生身体自尊和健康人格的干预研究 [J].南京体育学院学报，2018（8）:32-42.

[3] 赵歌.论跳水动作的"美感阈值"[J].北京体育大学学报，2014（5）：44-49.

[4] 张震，杨国庆.中国近现代竞技运动文化中的身体教育思想谱系学考究 [J].首都体育学院学报，2020（6）：12-16.

[5] 赵祁伟，陆颖之，周成林.新兴技术融合发展下竞技运动心理学研究进展、实践和展望 [J].上海体育学院学报，2020（11）：18-27.

[6] 尹作亮，陈鹏.辩证分析现代科学技术对于竞技运动的影响 [J].科学咨询（科技·管理），2020（11）：25-26.

[7] 刘文昊，冯鑫，胡海旭.东京奥运会延期下世界竞技运动强国的应变举措与对我国奥运备战的启示 [J].西安体育学院学报，2020（6）：41-47.

[8] 侯胜川.中国武术研究的范式危机和重构 [J].西安体育学院学报，2020（6）：31-36.

[9] 刘德涛.高校体育舞蹈课发展现状和对策研究 [J].当代体育科技，2020（7）：144-147.

[10] 郭森林，陈昇，刘少峰，等.青少年武术难度动作的核心稳定性研究 [J].龙岩学院学报，2020（5）：105-110.

[11] 郭军.体操项目伤病发生的原因分析与相应的预防措施 [J].科技资讯，2020（7）：45-47.

[12] 汤琦.基于 ARCS 动机模型策略在艺术体操教学中的应用研究 [J].安徽体育科技，2020（4）：77-80.

[13] 王煦 . 健美操专选生踝关节力量训练的研究 [J]. 当代体育科技，2020（4）：38-40.

[14] 王林，刘诗洁，潘炎 . 中国武术传播的当代技击转向 [J]. 上海体育学院学报，2020（7）：37-43.

[15] 李萍，陶成武，方奇，等 . 现代体操竞技运动的意蕴发展和结构演变 [J]. 北京体育大学学报，2020（7）：127-134.

[16] 秦洁 . 论艺术体操美的形式与培养因素 [J]. 天津教育，2020（2）：16-17.

[17] 黄强 . 分析健美操规则的变化对艺考生训练的影响 [D]. 济南：山东体育学院，2020.

[18] 梁旭 . 竞技运动表现难美性项群竞赛规则演变趋势的研究 [D]. 延安：延安大学，2012.

[19] 刘静轩 . 我国高水平健美操运动员专项体能评价与其训练 [D]. 曲阜：曲阜师范大学，2020.

[20] 王翠先 . 健美操竞赛规则的演变研究 [D]. 成都：四川师范大学，2020.

[21] 何慧，郑兵 . 武术和男子自由体操的竞技运动技能迁移 [J]. 延安大学学报（自然科学版），2020（2）：97-99.

[22] 张曦文 . 中俄花样游泳运动员技术水平比较研究 [D]. 南京：南京体育学院，2020.

[23] 李萍 . 我国体操类项目协同发展研究 [D]. 长沙：湖南师范大学，2020.

[24] 吴婷 . "健康中国"背景下武汉市中小学校园艺术体操项目开展现状与发展路径研究 [D]. 武汉：武汉体育学院，2020.

[25] 任沛尧 . 我国优秀蹦床运动员预赛动作的位移特征研究 [D]. 太原：山西大学，2020.

[26] 谢惠玲 . 武术专业武术专项技术课课程内容优化研究 [D]. 武汉：武汉体育学院，2020.

[27] 尹成昕 . 花样游泳项目中国教练和外籍教练执教方法的对比研究 [D]. 武汉：武汉体育学院，2020.

[28] 胡陆顺 . 基于武术核心价值的套路角色定位研究 [D]. 上海：上海体育学院，2020.

[29] 张军 . 回归本质：武术技术视频资源库构建研究 [D]. 武汉：武汉体育学院，2020.

[30] 张雨薇 . 艺术体操阿提丢转体动作的三维竞技运动学特征及影响因素分析 [D]. 武汉：武汉体育学院，2020.

[31] 杜艳伟, 陈振勇. 新时代语境下武术的艺术性探究 [J]. 四川体育科学, 2020 (2): 84-87.

[32] 安志超, 何英. 武术运动员力量素质的训练措施分析 [J]. 中华武术 (研究), 2020 (4): 109-112.

[33] 李凤梅. 关于我国健美操后备力量培养体系的研究 [J]. 当代体育科技, 2020 (8): 68, 71.

[34] 余果. 花样游泳项目的体能训练特征 [J]. 当代体育科技, 2020 (7): 58-61.

[35] 陈文佳, 章碧玉, 沈兆喆. 花样游泳运动员功能性动作能力和力量素质的相关性研究 [J]. 中国体育科技, 2020 (2): 71-81.

[36] 左鸿燕. 中国跳水项目后备人才的现状研究与展望 [D]. 太原：山西大学, 2019.

[37] 宾宁江. 花样游泳集体自由自选项目艺术表现力指标体系的构建 [D]. 广州：广州体育学院, 2019.

[38] 蒋婷婷. 我国花样游泳后备人才队伍建设现状与可持续发展对策研究 [D]. 成都：成都体育学院, 2019.

[39] 陈盛. 中外艺术体操个人项目优秀运动员成套难度动作编排价值的对比研究 [D]. 南京：南京体育学院, 2020.

[40] 聂国林. 里约奥运会女子跳水单人十米台动作稳定性研究 [D]. 太原：山西大学, 2017.

[41] 李培源. 优秀跳水运动员损伤部位特征与预防措施研究 [J]. 当代体育科技, 2017 (5): 11-13.

[42] 朱慧平. 健美操三人项目成套创编中空间层次运用的研究 [D]. 北京：北京体育大学, 2017.

[43] 韩丹丹. 80 年代以来我国难美性项群优势项目训练理论进展研究 [D]. 南京体育学院, 2013.

[44] 刘敏, 秦力子. 技能主导表现难美性项群共性特征研究 [J]. 竞技运动, 2013 (10): 21-23.

[45] 张洁, 吕志恒, 陈文才. 体育舞蹈专项体能训练的价值取向和实施策略 [J]. 体育风尚, 2020 (10): 72-73.